Kundenverbunden

Mathias Weber

Kundenverbunden

Wie Sie herausragende Kundenerlebnisse schaffen und Ihre Marke stärken

Mathias Weber
G&P Markenberatung GmbH
München, Bayern, Deutschland

ISBN 978-3-658-43630-8   ISBN 978-3-658-43631-5 (eBook)
https://doi.org/10.1007/978-3-658-43631-5

Die Deutsche Nationalbibliothek verzeichnet diese Publikation in der Deutschen Nationalbibliografie; detaillierte bibliografische Daten sind im Internet über https://portal.dnb.de abrufbar.

© Der/die Herausgeber bzw. der/die Autor(en), exklusiv lizenziert an Springer Fachmedien Wiesbaden GmbH, ein Teil von Springer Nature 2024

Das Werk einschließlich aller seiner Teile ist urheberrechtlich geschützt. Jede Verwertung, die nicht ausdrücklich vom Urheberrechtsgesetz zugelassen ist, bedarf der vorherigen Zustimmung des Verlags. Das gilt insbesondere für Vervielfältigungen, Bearbeitungen, Übersetzungen, Mikroverfilmungen und die Einspeicherung und Verarbeitung in elektronischen Systemen.
Die Wiedergabe von allgemein beschreibenden Bezeichnungen, Marken, Unternehmensnamen etc. in diesem Werk bedeutet nicht, dass diese frei durch jedermann benutzt werden dürfen. Die Berechtigung zur Benutzung unterliegt, auch ohne gesonderten Hinweis hierzu, den Regeln des Markenrechts. Die Rechte des jeweiligen Zeicheninhabers sind zu beachten.
Der Verlag, die Autoren und die Herausgeber gehen davon aus, dass die Angaben und Informationen in diesem Werk zum Zeitpunkt der Veröffentlichung vollständig und korrekt sind. Weder der Verlag noch die Autoren oder die Herausgeber übernehmen, ausdrücklich oder implizit, Gewähr für den Inhalt des Werkes, etwaige Fehler oder Äußerungen. Der Verlag bleibt im Hinblick auf geografische Zuordnungen und Gebietsbezeichnungen in veröffentlichten Karten und Institutionsadressen neutral.

Planung/Lektorat: Rolf-Guenther Hobbeling
Springer Gabler ist ein Imprint der eingetragenen Gesellschaft Springer Fachmedien Wiesbaden GmbH und ist ein Teil von Springer Nature.
Die Anschrift der Gesellschaft ist: Abraham-Lincoln-Str. 46, 65189 Wiesbaden, Germany

Wenn Sie dieses Produkt entsorgen, geben Sie das Papier bitte zum Recycling.

Vorwort

Das Bestreben, seinen Kunden beim Kauf ein gutes Gefühl zu geben, gibt es vermutlich, seit Menschen miteinander handeln und Geschäfte machen. Heute würde wohl kaum ein Unternehmen behaupten, nicht kundenorientiert zu sein. Tatsächlich ist es so, dass immer mehr Unternehmen Programme und Initiativen starten, um ihre Kunden und deren Bedürfnisse zukünftig noch mehr in den Fokus des Geschäftes zu stellen. Sobald wir jedoch die Perspektive wechseln und die Kunden fragen, ob und wenn ja, bei welcher Marke sie das Gefühl haben, wirklich im Zentrum aller Bemühen zu stehen, kommen die meisten erst einmal ins Grübeln. Woran liegt das? Kann es vielleicht sein, dass Kunden heute einfach mehr wollen und höhere Erwartungen haben? Oder greifen die bisherigen Konzepte rund um Kundenzentrierung in Unternehmen zu kurz?

Genau hier setzt dieses Buch an und zeigt auf, warum kundenzentrierte Produkte und Prozesse zwar eine wichtige Grundlage sind, aber nicht ausreichen, um nachhaltige und begeisternde Erlebnisse für Kunden zu schaffen. Das erste Ziel des Buches ist es, hierfür zu sensibilisieren und zu verdeutlichen, welche Rolle die menschliche Komponente bei der Kundenbegeisterung spielt. Wie schafft man es als Marke, dem Kunden auch auf dieser Ebene verbunden zu sein?

Innovation entsteht immer an Schnittstellen zwischen Disziplinen. Daher ist es ein zweites Ziel dieses Buches, die internen und externen Wirkungszusammenhänge für eine kundenverbundene Organisation aufzuzeigen. Wie hängen Führung, das Engagement der Mitarbeiter mit begeisternden Kundenerlebnissen zusammen und wie lassen sich diese Zusammenhänge langfristig und zielgerichtet steuern? Simon Sinek bringt es auf den Punkt: „*100 % of customers are people. 100 % of employees are people. If you don't understand people, you don't understand business.*" (Sinek 2009). Wir könnten auch sagen: Menschen werden von Menschen begeistert. Die besondere Betrachtung dieses Faktors ist ein weiterer Schwerpunkt.

Als spezialisierter Berater mit mehr als 15 Jahren Erfahrung und Autor diverser Studien konnte ich in den vergangenen Jahren viele Erkenntnisse gewinnen, wo Unternehmen unterschiedlichster Branchen heute in Bezug auf Kundenzentrierung stehen, was die typischen Herausforderungen sind, welche Potenziale oft noch nicht genutzt werden und welche Tools und Instrumente sich bewährt haben. Ein größtmöglicher Praxisbezug ist daher das dritte Ziel dieses Buches. Es soll Ihnen konkret dabei helfen, Kundenverbundenheit für sich selbst, für Ihre Kollegen, für Ihr Team und letztlich für Ihre Marke zu schaffen.

Meine persönliche Motivation dieses Buch zu schreiben ist es, Impulse zu geben, wie geschäftliche Transaktionen zu bereichernden Interaktionen werden können und wie wertschätzende Beziehungen von Mensch zu Mensch in Zukunft zu mehr Differenzierung, Mehrwert und Bedeutung führen können.

Dieses Buch wendet sich in erster Linie an Führungskräfte und Praktiker, die das Kundenerlebnis ihrer Marke auf das nächste Level heben möchten. Das Buch wurde so strukturiert, dass Ihre Fragen als interessierter Fachleser bestmöglich beantwortet werden. Ferner ist das Buch für alle, die ihre eigenen Erfahrungen als Kunde reflektierter betrachten und besser verstehen möchten. War mein Kauf- oder Serviceerlebnis zufriedenstellend, begeisternd oder enttäuschend? Woran lag das? Was bedeutet das für meine kommenden Kaufentscheidungen? Übrigens lohnt es sich auch für Fach- und Führungskräfte, die für Kundenerlebnisse ihrer Marke verantwortlich sind, regelmäßig in diese Kundenperspektive zu schlüpfen und die eigenen Erfahrungen als Kunde regelmäßig zu betrachten. Jeder von uns ist ein Experte für Customer Experience – weil jeder von uns auch selbst jeden Tag Kunde ist.

Das Buch ist in sechs Kapitel gegliedert, die es Ihnen als Leser ermöglichen, strukturiert und leicht verdaulich in das Thema einzutauchen:

- Das erste Kapitel beleuchtet die Tatsache, dass Kundenerlebnisse immer wichtiger werden und welche Vorteile der besondere Kundenfokus für Marken schafft. Ferner geht es um die Frage, was es aus Kundensicht bedeutet, wenn eine Marke kundenverbunden ist.
- Im zweiten Kapitel geht es um die strategischen Grundlagen, die erforderlich sind, um kundenverbunden zu werden.
- Kap. 3 befasst sich schließlich mit der Frage, wie diese Konzepte im eigenen Unternehmen implementiert werden und der Veränderungsprozess zur kundenverbundenen Kultur gestaltet werden kann.
- Das vierte Kapitel zeigt in umsetzungsorientierter Form auf, wie aus dem neuen internen Selbstverständnis begeisternde Erlebnisse für Kunden entstehen können.
- Kap. 5 des Buches gibt einen Einblick in die Praxis, in dem konkrete Fallbeispiele für echte Kundenverbundenheit durch Gastautoren bekannter Unternehmen aus unterschiedlichen Industrien vorgestellt werden.
- In Kap. 6 werden schließlich die zentralen Handlungsbedarfe zusammengefasst und wir werfen einen Blick in die Zukunft.

Aus Gründen der besseren Lesbarkeit wird in diesem Buch bei Personenbezeichnungen und personenbezogenen Hauptwörtern in der Regel die männliche Form gewählt. Selbstverständlich gelten sie im Sinne der Gleichbehandlung für alle Geschlechter. Die verkürzte Form hat ausschließlich redaktionelle Gründe und stellt keine Wertung dar.

Das Buch hat eine Erweiterung im Internet, auf der die im Buch zitierten Beispiele vertieft werden, sowie Tipps und Tools für die Praxis zum Download bereitstehen. Diese Ressourcen werden fortlaufend ergänzt und erweitert:
www.kundenverbunden.de
Viel Spaß beim Lesen!

Mathias Weber

Inhaltsverzeichnis

1 **Das Kundenerlebnis macht den Unterschied** 1
   1.1 Marken entwickeln mehr Kundenfokus............................ 1
   1.2 Kunden erwarten immer mehr 4
   1.3 Kundenverbunden – Was besondere Kundenerlebnisse auszeichnet...... 7
   Literatur.. 10

2 **Strategie: Die Basis der kundenverbundenen Organisation schaffen** 11
   2.1 Bestandsaufnahme durchführen und Handlungsbedarfe verstehen....... 12
   2.2 Den Reifegrad bestimmen 16
   2.3 Rollen und Verantwortlichkeiten festlegen 18
   2.4 Organisatorische Anbindung des Teams 20
   2.5 Vision und Meilensteine definieren 22
   2.6 Mit dem Kundenkompass den Wegweiser schaffen.................. 24
       2.6.1 Den Purpose zur gemeinsamen Kalibrierung entwickeln 24
       2.6.2 Die Verhaltensprinzipien als Richtlinie 29
   2.7 Zusammenfassung der Erfolgsfaktoren 34
   Literatur.. 35

3 **Die Transformation zur kundenverbundenen Organisation gestalten**...... 37
   3.1 Die vier Dimensionen des Kundenerlebnisses...................... 38
   3.2 Wo im Organigramm ist der Kunde?............................ 41
   3.3 Was eine kundenverbundene Unternehmenskultur auszeichnet 42
   3.4 Kundenverbunden werden bedeutet Veränderung 47
   3.5 Die Handlungsfelder für eine kundenverbundene Kultur 52
   3.6 Beispielhafte Maßnahmen im Detail 56
       3.6.1 Integration von Kundenfokus in Recruiting und Onboarding
             neuer Mitarbeiter 56
       3.6.2 Multiplikatoren-Programm 58
       3.6.3 Anerkennungsprogramm für Mitarbeiter.................. 59
       3.6.4 Integration in Kommunikationsroutinen 60

		3.6.5	Award – Gelebte Kundenverbundenheit auszeichnen	62
		3.6.6	Management Training	63
	3.7	Jeder im Unternehmen ist für den Kunden zuständig		66
	3.8	Zusammenfassung der Erfolgsfaktoren		67
	Literatur..			69
4	**Kundenverbundene Erlebnisse schaffen**...........................			**71**
	4.1	Der Moment macht das Erlebnis		72
		4.1.1	„Signature"-Momente	72
		4.1.2	Überraschungsmomente................................	73
		4.1.3	Enttäuschungsmomente................................	73
		4.1.4	Neutralmomente......................................	74
	4.2	Kunden verstehen und danach handeln mit Buyer Personas		74
	4.3	Das Zielbild definieren.....................................		77
		4.3.1	Das Wahrnehmungszielbild für die Marke entwickeln	77
		4.3.2	Kundenerlebnisse systematisch analysieren und gestalten	80
	4.4	Kennzahlen zur Steuerung festlegen		82
	4.5	Kundenerlebnisse agil steuern mit OKRs		85
	4.6	Die Stimme des Kunden mit VOC ins Unternehmen holen............		88
	4.7	Checklisten und Tools für die praktische Umsetzung		90
		4.7.1	Die Kundenerwartungen besser verstehen...................	91
		4.7.2	Meinen Beitrag zum Wahrnehmungsziel kennen	92
		4.7.3	Mein individueller Beitrag zum Purpose....................	93
		4.7.4	Verhalten: Die Basics beherrschen.........................	94
		4.7.5	Kundenkompass anwenden	94
		4.7.6	Allgemeine Service-Qualität	94
		4.7.7	Mit Problemen umgehen	94
		4.7.8	Wow-Momente reflektieren	95
		4.7.9	Auf der Suche nach Verbesserungen	95
		4.7.10	Mein Mindset überprüfen	96
		4.7.11	Meine Aufgaben als Führungskraft	98
		4.7.12	„Starfish"-Retrospektive	99
	4.8	Zusammenfassung der Erfolgsfaktoren		102
	Literatur..			107
5	**Kundenverbundene Marken – Best Practice Beispiele**			**109**
	5.1	Porsche AG – Auf dem Weg zur Benchmark für Kundenbegeisterung....		110
	5.2	Die Mobiliar – Wie eine Versicherung durch Kundennähe ein herausragendes Markenerlebnis generiert		113
	5.3	Miele – Mit Customer Delights ein herausragendes Markenerlebnis schaffen		117

6 Kundenverbunden – Zusammenfassung und Handlungsbedarfe ... 121
6.1 Kundenverbunden sein – Die sechs Gesetze ... 121
6.1.1 Erstes Gesetz: Ein bisschen Kundenverbunden geht nicht ... 122
6.1.2 Zweites Gesetz: Je klarer und größer die Vision, desto mehr Kundenverbundenheit ... 124
6.1.3 Drittes Gesetz: Kundenverbunden sind alle – oder niemand ... 125
6.1.4 Viertes Gesetz: Kundenverbunden ist ein Verb ... 126
6.1.5 Fünftes Gesetz: Kundenverbundenheit ist messbar ... 127
6.1.6 Sechstes Gesetz: Kundenverbunden zu sein ist keine Checkbox ... 128
6.2 Blick in die Zukunft – Der menschliche Faktor schafft Mehrwert und Differenzierung ... 129
6.3 Das Kundenerlebnis ist nicht nur Teil der Marke, es ist die Marke ... 133
Literatur ... 137

Danke! ... 139

Glossar ... 141

Über den Autor

Mathias Weber ist Partner bei G&P Markenberatung in München. Er unterstützt seit mehr als 15 Jahren Unternehmen dabei, langfristig erfolgreicher zu werden durch den Aufbau von kundenverbundenen und begehrlichen Marken.

Nach beruflichen Stationen bei Siemens und Adidas im In- und Ausland, sowie verschiedenen Beratungsunternehmen ist er seit 2011 bei G&P Markenberatung tätig. Dort betreut er zunächst als Projektleiter und später als Partner Kunden wie die BMW Group, Porsche AG oder Bosch oder Siemens Hausgeräte sowie Mittelständler und Hidden Champions im deutschsprachigen Raum. Darüber hinaus ist er als Dozent an Hochschulen tätig.

Das Kundenerlebnis macht den Unterschied

Kundenerwartungen sind enorm gestiegen. Ein größeres Angebot, bessere Transparenz und neue Wettbewerber erhöhen die Anforderungen, die heute an Marken gestellt werden – über alle Branchen hinweg. Ein Beispiel: War es früher als Automobilhersteller ausreichend, ein ansehnliches und leistungsfähiges Fahrzeug zu einem wettbewerbsfähigen Preis liefern zu können, wird das bei den meisten Kunden keine Begeisterung auslösen. Natürlich ist das, was Marken anbieten, sehr wichtig, weil es das originäre Bedürfnis des Kunden abdeckt. Doch reine Leistungskriterien gleichen sich insbesondere in gesättigten Märkten immer mehr an. Zukünftige Kaufentscheidungen werden danach getroffen, was Kunden um das Produkt herum erleben: der Verkaufsberater, der ein bisschen genauer zuhört, der Call-Center-Agent, der schnell und unbürokratisch eine Lösung für den Kunden findet, etc. Als Kunde wollen wir – zurecht – das Gefühl haben, dass unsere Bedürfnisse im Zentrum stehen und nicht das Produkt oder der Prozess des Unternehmens. Doch wie oft ist das heute tatsächlich der Fall?

It's easier to love a brand when the brand loves you back. (Seth Godin) (Godin 2012)

1.1 Marken entwickeln mehr Kundenfokus

Mehr als die Hälfte (58 %) der DAX-40-Unternehmen hat heute den expliziten Kundenfokus als unternehmensstrategischen Bestandteil aufgeführt, also z. B. im Purpose, in der Vision, der Mission oder in den langfristigen Zielen des Unternehmens (vgl. Abb. 1.1).

Im Rahmen einer Befragung von 86 Fach- und Führungskräften von Unternehmen unterschiedlicher Branchen gaben 86 % an, dass sie das Thema Kundenzentrierung als sehr relevant für den zukünftigen Erfolg ihres Unternehmens erachten (vgl. G&P 2022). In einer US-Studie gehen 89 % der befragten Unternehmen davon aus, dass sie künftig hauptsächlich in Bezug auf ihre Customer Experience untereinander konkurrieren

PORSCHE

Customer Excitement #1
Der Vision folgend hat das Unternehmen den Anspruch, in der Markenwahrnehmung weltweit auf Rang eins zu stehen und seine Kunden in besonderem Maße zu begeistern.

☐ · BASF

Wir wollen der attraktivste Partner für unsere Kunden sein, um Herausforderungen zu meistern, die mit Chemie gelöst werden können. Unsere Kunden stehen im Mittelpunkt unseres Handelns.

e·on

Putting our customer first
Wir gestalten unser Geschäft aus dem Blickwinkel unserer Kunden. Wir sind überzeugt, dass das Verhalten jedes einzelnen Mitarbeiters sich auf den Kundenservice auswirkt.

T··

Begeistere unsere Kunden
Wir sind der vertraute Begleiter und unterstützen unsere Kund*innen beim Erreichen ihrer Ziele – durch ein einfaches, innovatives Kundenerlebnis, welches den Mensch in den Mittelpunkt stellt.

Abb. 1.1 Kundenfokus in DAX-40-Unternehmen. (Quelle: Eigene Auswertung, Januar 2023)

werden. (vgl. Gartner 2014). Der Kunde und seine Bedürfnisse spielen eine immer größere Rolle für Marken. Dieser gesteigerte Kundenfokus ist kein Selbstzweck, sondern zahlt sich in vielerlei Hinsicht aus.

Kundenfokus macht Unternehmen erfolgreicher
- **Höhere Zahlungsbereitschaft:**
  86 % der Käufer sind bereit, mehr für eine gute Customer Experience zu bezahlen (vgl. Walker 2017)
- **Schaffung von Kundentreue und Markenbotschaftern:**
  Die Loyalität und Weiterempfehlungsbereitschaft ist mehr als dreimal höher bei begeisterten Kunden (vgl. Gallup 2004)
- **Höhere Profitabilität:**
  Kundenzentrierte Unternehmen sind im Schnitt 60 % profitabler (vgl. Deloitte 2017)

Kundenfokus schafft Mehrwert für Mitarbeiter
- **Höhere Identifikation:**
  Ein definierter und im ganzen Unternehmen gelebter Kundenfokus schafft Einigkeit unter Kollegen und Zugehörigkeit zu einer Marke

- **Bessere Orientierung:**
  Ein klares Bekenntnis zum Kunden gibt Mitarbeitern eine Leitlinie in kritischen Situationen oder bei internen Zielkonflikten
- **Sinnstiftung:**
  Mitarbeiter, die Kunden begeistern und binden, haben mehr das Gefühl, dass ihre Arbeit Bedeutung hat

Kundenfokus zahlt sich für Kunden aus
- **Besseres Erlebnis:**
  Die Interaktion mit einer Marke ist hochwertiger und damit attraktiver
- **Einfachere (Wieder-)Kaufentscheidung:**
  Wer sich gut aufgehoben fühlt bei einer Marke, hat keinen Grund sich woanders umzusehen
- **Gesprächsstoff:**
  Gute Erlebnisse sind erzählenswert, gerade und vor allem auch in den sozialen Medien („Shareability")

Kundenfokus bringt also viele Vorteile mit sich – für alle Beteiligten. Doch so eindeutig wie die positiven Effekte sind, so unterschiedlich sind die Begrifflichkeiten und Ansätze, die dabei zum Einsatz kommen.

Begriffsabgrenzung
Von „Kundenorientierung", „König Kunde", „Customer Experience" oder „Customer Obsession" (dieser Begriff wurde vor allem von Amazon geprägt) – viele Buzzwords und Fremdwörter kreisen aktuell im Management und in den Fachmedien umher. Daher wollen wir im Folgenden die wichtigsten Konzepte betrachten und voneinander abgrenzen (vgl. Abb. 1.2).

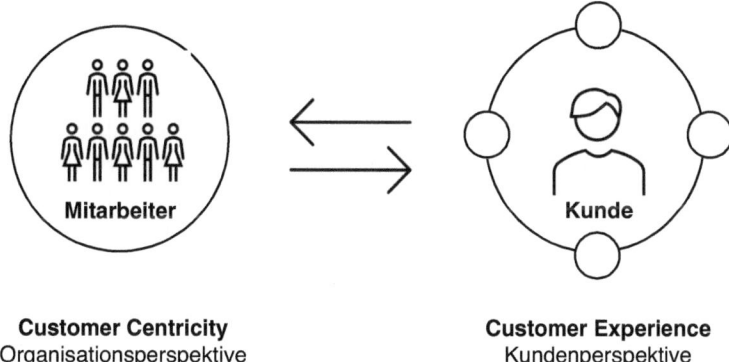

Abb. 1.2 Begriffsabgrenzung kundenfokussierter Konzepte. (Quelle: Eigene Darstellung)

Begeisternde Kundenerlebnisse entstehen von innen nach außen. Beginnen wir daher mit der Organisationsperspektive. **Customer Centricity** bzw. **Kundenzentrierung** bedeutet für eine Marke, die Bedürfnisse der Kunden ins Zentrum der Organisation zu stellen. Das umfasst sowohl Produkte, Prozesse, Kontaktpunkte und vor allem auch die handelnden Personen, worauf wir später noch näher eingehen werden.

Alle Anstrengungen einer Marke führen zu einer **Customer Experience** (kurz CX) bzw. zu einem möglichst guten **Kundenerlebnis.** Es beschreibt, wie Kunden eine Marke über alle Interaktionen hinweg wahrnehmen. Das Kundenerlebnis ist das Ergebnis von Kundenzentrierung, also das Ergebnis aller internen Anstrengungen und Maßnahmen für den Kunden, über alle Abteilungen hinweg. Es ist damit also auch das Erlebnis der Werte, der Führung und der Kultur eines Unternehmens. Schaffen es Marken, ihren Kunden eine herausragende Customer Experience zu bieten, sind sie kundenverbunden. Der Begriff CX wird daher in diesem Buch als begriffliche Klammer verwendet für alle Bestrebungen eines Unternehmens, Kundenverbundenheit zu schaffen.

Die **User Experience** (UX) ist ein Teilbereich der Customer Experience und beschreibt die Erfahrung eines Nutzers bzw. Kunden mit einem ganz bestimmten Produkt oder Service (z. B. einer App) oder an einem ganz bestimmten Touchpoint (z. B. Empfangscounter auf einer Messe). Die Gesamtheit aller Touchpoints wird in der **Customer Journey** (bzw. Kundenreise) eines Kunden abgebildet.

1.2 Kunden erwarten immer mehr

Trotz all dieser (neuen) Konzepte und Bemühungen von Marken ihre Kunden in den Fokus zu stellen, scheint genau das den wenigsten heute wirklich zu gelingen. Laut einer Selbsteinschätzung sieht nur ein Drittel der Unternehmen ihre eigene Marke als sehr kundenzentriert und knapp zwei Drittel sehen große Handlungsbedarfe hinsichtlich gelebter Kundenzentrierung (vgl. G&P 2022). Aus einer anderen Erhebung geht hervor, dass 80 % der Unternehmen der Meinung sind, dass sie ihren Kunden eine sehr gute Customer Experience bieten, während dieser Aussage nur 8 % der Kunden zustimmen (vgl. Abb. 1.3, Janhagen et al. (2020)).

Als Schlussfolgerung können wir festhalten, dass die Eigenwahrnehmung in vielen Unternehmen deutlich positiver ausfällt als die externe Kundensicht. Es gibt also noch viel zu tun. Gleichzeitig gibt es bei Kunden oft eine regelrechte Erwartungsinflation – die Anforderungen wachsen und wachsen. War es beispielsweise für uns als Kunden früher normal, für ein Buch, das wir beim lokalen Buchhändler bestellen, eine Woche auf die Lieferung warten, so setzen Onlinehändler mit Express- oder Sofortzustellung heute ganz neue Maßstäbe. Hat man sich früher bei der Auswahl eines Restaurants in einer fremden Stadt auf sein Bauchgefühl verlassen, so filtern Kunden heute als Erstes via Smartphone nach der Bewertung anderer Gäste. Gaststätten, die aus Kundensicht gewünschte Kriterien nicht erfüllen oder einen gewissen Bewertungsmaßstab nicht erreichen, fallen direkt raus. Diese und viele andere Beispiele aus dem Alltag machen

1.2 Kunden erwarten immer mehr

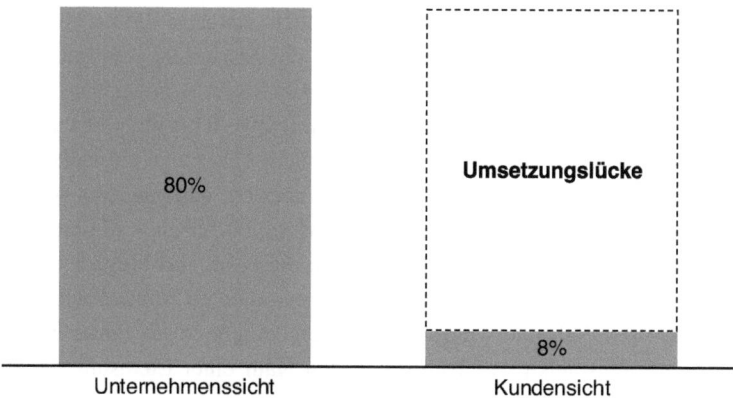

Abb. 1.3 Umsetzungslücke im Kundenerlebnis. (Quelle: Eigene Darstellung in Anlehnung an Janhagen et al. (2020))

deutlich, wie wir als Kunden es gewohnt sind, das zu bekommen, was wir wollen, wann wir es wollen.

▶ **Perspektivwechsel** Angenommen, Sie würden eine Selbsteinschätzung innerhalb Ihres Unternehmens vornehmen zur Frage, wie positiv die Kundenerlebnisse mit Ihrer Marke sind. Was würden Ihre Kunden antworten? Inwiefern haben sich die Erwartungen Ihrer Kunden verändert?

Ich! Alles! Jetzt!
Der Autor Sascha Lobo hat in diesem Zusammenhang den Begriff der Erwartungsradikalität geprägt (vgl. Payment & Banking 2023). Vor allem im digitalen Kontext geben große Player wie Google oder Amazon durch radikale Ausrichtung an Convenience für den Kunden den Takt vor. Was gestern noch neu war, wird heute erwartet – von allen Anbietern. Das Beispiel von Amazon mit seinem Lieferdienst „Prime" verdeutlicht den stetig wachsenden Anspruch. Marken müssen es dem Kunden konsequent einfach machen und sich kontinuierlich weiter darin verbessern.

Das letzte beste Erlebnis wird der Maßstab
Das letzte, beste Erlebnis setzt den Standard. Sie konkurrieren demnach nicht mehr ausschließlich mit den Kernwettbewerbern Ihrer Branche. Ihre Kunden werden die Erfahrung mit Ihrer Marke mit dem letzten, besten Erlebnis vergleichen, das sie hatten. Ihre Kunden werden also beispielsweise Ihr digitales Ökosystem dem von Apple gegenüberstellen, Ihre 24-h-Hotline mit der von Mastercard vergleichen oder Ihre Kulanz anhand der Kulanz von Amazon bewerten. Das bedeutet, dass die Liste an Basiskriterien dadurch

stetig länger wird. Anders formuliert: Ihre Kunden erwarten immer mehr. Kundenbegeisterung ist ein Rennen ohne Ziellinie – und das Starterfeld wird nicht nur größer, sondern auch immer leistungsfähiger (vgl. Abb. 1.4).

Ferner ist vielen Unternehmen der erweiterte Wettbewerb oft nicht bewusst. Ein Automobilhersteller mag sich genau als solches verstehen: Fahrzeuge entwickeln, herstellen und verkaufen. Das Bedürfnis beim Kunden mag aber ein ganz anderes sein. Beispielsweise könnte der Kunde nur den Wunsch nach Mobilität haben – diesen kann er auch durch fahrzeugfremde Angebote befriedigen (z. B. die Bahn, das Flugzeug oder virtuelle Kommunikationstechnologien wie Zoom). Bei einem anderen Kunden wiederum könnte das Thema Status bzw. Selbstverwirklichung das eigentliche Motiv hinter dem Fahrzeugkauf sein, welches beispielsweise auch durch den Kauf einer Luxusuhr oder Designerkleidung befriedigt werden kann.

Neue Kundenansprüche nach der Pandemie
Die COVID-19-Pandemie hat die Ansprüche, die Kunden heute an Marken haben, verändert. Kundeninteraktion findet seit Anfang 2020 – gerade im B2B – oft nicht mehr über persönliche Treffen, sondern über digitale Kanäle statt. Die Nachfrage der Kunden ist in vielen Branchen sehr volatil und kaum planbar geworden. Lange, oft intransparente Lieferzeiten wie beispielsweise in der Automobil- oder Maschinenbaubranche tun ihr Übriges. So verwundert es wenig, dass die Hälfte der in einer Studie befragten Fach- und Führungskräfte bestätigt, dass sich die Erwartungen ihrer Kunden durch die Corona-Krise deutlich verändert haben (vgl. G&P 2022). Gefordert sind vor allem neue, digitale

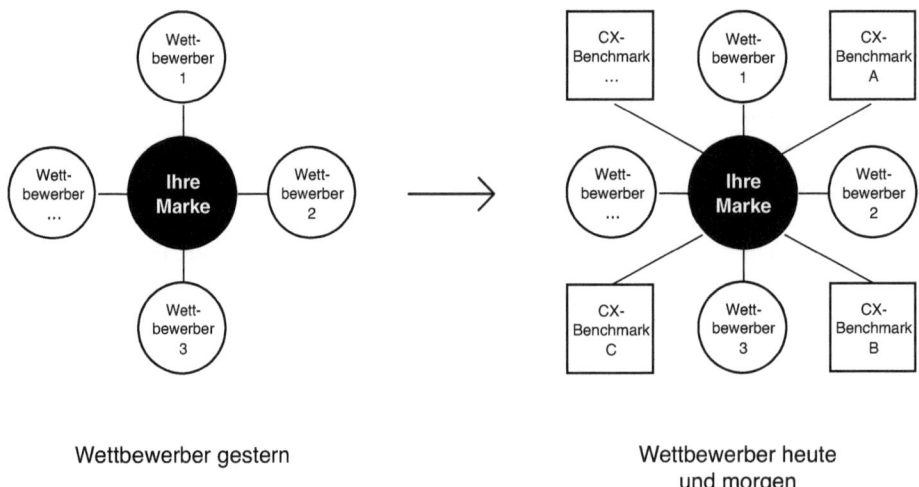

Abb. 1.4 Kundenerwartungen im direkten und indirekten Wettbewerb. (Quelle: Eigene Darstellung)

Angebote (49 %), ein noch stärkerer Dialog zwischen Marken und Kunden (24 %) sowie eine allgemein höhere Geschwindigkeit in den Prozessen (19 %). Die Pandemie hat also viele, schon länger bekannte Entwicklungen beschleunigt und verstärkt. Unternehmen, die sich bereits im Vorfeld damit auseinandergesetzt haben, sind heute besser in der Lage, auf diese neuen Kundenanforderungen zu reagieren.

1.3 Kundenverbunden – Was besondere Kundenerlebnisse auszeichnet

Das letzte besondere Kundenerlebnis
Wechseln wir noch einmal in die Kundenperspektive. Was war Ihr letztes Kundenerlebnis, das Sie begeistert hat? Wann wurden Ihre Erwartungen nicht nur erfüllt, sondern übertroffen? Das muss nicht unbedingt im Kontext einer großen, teuren Anschaffung stattgefunden haben. Denken Sie beispielsweise auch an eine alltägliche Situation: ein Restaurantbesuch, Ihr letzter Friseurtermin, ein Hotelaufenthalt etc. Welche Situation ist bei Ihnen besonders positiv in Erinnerung geblieben?

Für viele von uns ist diese Frage so spontan wahrscheinlich gar nicht so einfach zu beantworten (vgl. dazu die Umsetzungslücke in Abb. 1.3). Schauen wir uns daher ein paar typische Beispiele für solche „Wow-Momente" an:

- Die Flugbegleiterin, die ein Extraspielzeug für Ihr Kind während des Fluges organisiert.
- Der Optiker, der die verkratzten Gläser Ihrer Brille erneuert, obwohl die Garantie schon seit längerem abgelaufen ist.
- Der Baufachmarkt, der kostenlos den defekten Aufsatz ihrer Bohrmaschine austauscht, obwohl Sie das Gerät unsachgemäß verwendet haben.
- Der Onlineshop, der bei einer Falschlieferung schnell und kulant ein Ersatzprodukt schickt.
- Der Inhaber des Cafés um die Ecke, der sich an Ihren Lieblingstee erinnert und Ihnen diesen beim nächsten Besuch wieder anbietet.
- Die Servicemitarbeiterin im Hotel, die Ihnen proaktiv beim Anschluss Ihres Laptops im Konferenzraum hilft.
- Der Geschäftsführer im Autohaus, der Ihnen an einem heißen Tag ein kühles Getränk organisiert, während Sie auf den nächsten freien Service-Mitarbeiter warten.

Diese Beispiele zeigen, wie aus vermeintlich alltäglichen Situationen begeisternde Momente für Kunden geschaffen werden können. Es sind Momente, bei denen der Kunde und seine individuellen Bedürfnisse und nicht ein standardisierter Prozess im Vordergrund steht. Aus den Beispielen können wir drei Anforderungen an kundenverbundene Marken ableiten, vgl. Abb. 1.5.

Abb. 1.5 Anforderungen an kundenverbundene Marken. (Quelle: Eigene Darstellung)

Erste Anforderung: Erlebnis > Erwartung
Bei Kunden bleiben zwei Arten von Erfahrungen besonders stark im Gedächtnis: die besonders schlechten und die besonders guten Erlebnisse mit einer Marke. In der Regel sind das auch die Geschichten, die wir weitererzählen, im persönlichen Kreis oder und gerade auch in den sozialen Medien teilen. Eine Studie zeigt, dass 95 % der befragten Kunden eine schlechte Erfahrung mit einer Marke sofort mit mindestens einer Person teilen würden und 54 % würden dies sogar mit mehr als fünf anderen Personen tun (vgl. Bates & Petouhoff 2022). Das ist wenig verwunderlich, da ein 1-Sterne bzw. ein 5-Sterne Erlebnis einfach mehr Gesprächsstoff bietet als eine „ganz OK" Erfahrung. Daher haben begeisternde Erlebnisse das Potenzial, die Wahrnehmung und Begehrlichkeit einer Marke in besonderem Maße positiv zu beeinflussen. Interessant ist in diesem Zusammenhang, dass Kundenverbundenheit oft dann entsteht, wenn der Kunde ein Problem hat, ein Servicefall oder eine unangenehme Situation vorliegt. In genau diesen Momenten haben Marken die Chance, die Enttäuschung ihrer Kunden in Begeisterung zu verwandeln, da die Erwartungsschwelle in dieser Situation sehr niedrig ist.

Zweite Anforderung: Person > Prozess
Hatten Sie schon mal einen Wow-Moment im Kontakt mit einem Chatbot oder einer Kundenhotline, bei der Sie sich durch endlose Menüs („…drücken Sie jetzt die 1 …") und lange Wartezeiten („… der nächste freie Mitarbeiter ist gleich für Sie da …") quälen mussten? Vermutlich ist die Antwort ein Nein. Fakt ist, dass diese beiden Kontaktpunkte maximal effizient für Unternehmen sind und dabei aber gleichzeitig größtes Enttäuschungspotenzial bieten, da sie sich fast ausschließlich an einem standardisierten Prozess orientieren. Natürlich sind Prozesse und Standards wichtig. Um Kunden zu begeistern, brauchen sie jedoch die Gewissheit, dass sie verstanden, gesehen und gehört werden. Das gibt dem Kunden ein Gefühl von Bedeutung und schafft eine Mensch-zu-Mensch-Beziehung. Wenn Kunden sich an herausragende Erlebnisse mit einer Marke

1.3 Kundenverbunden – Was besondere Kundenerlebnisse auszeichnet

erinnern, fühlten sie sich in den meisten Fällen verstanden, anerkannt und sind positiv überrascht vom Engagement eines Vertreters der Marke (vgl. Bates & Petouhoff 2022). Beispielsweise könnte man im Beispiel oben argumentieren, dass es nicht die Aufgabe des Geschäftsführers im Autohaus ist, Getränke an Kunden auszugeben, da dafür andere Rollen und Prozesse vorgesehen sind. Gerade deswegen sorgt es genau in dieser Situation für Begeisterung beim Kunden, da er das Gefühl bekommt, dass er als Mensch die größte Bedeutung spielt. Hierbei geht es nicht um große Ermäßigungen oder monetäre Geschenke, sondern eher um Gesten der Wertschätzung. Berufe, welche diese persönliche Interaktion leisten können, zählen für den Philosophen Richard David Precht im Übrigen zu einem von vier Berufsfeldern der Zukunft (die sogenannten „Empathieberufe", vgl. Precht 2022). Wichtig ist dabei auch, dass Mitarbeiter das Empowerment, also die Befähigung haben, wenn nötig den Prozess zu verlassen, um individuell auf den Kunden einzugehen.

Dritte Anforderung: Konsistenz statt Zufall
Kundenverbundene Unternehmen überlassen das Erlebnis ihrer Kunden nicht dem Zufall oder der jeweiligen Tagesform der Mitarbeiter, sondern haben ein klares Zielbild, das sie konsistent zu jeder Zeit an jedem Kontaktpunkt umsetzen. Marken wie Starbucks oder Apple haben dies erkannt und schaffen so ein weltweit konsistentes Serviceerlebnis. Eine Marke ist ein Versprechen und das umfasst mehr als zuverlässige Produkte und eine gleichbleibende Qualität. Das Verhalten im Kundenkontakt ist leider ein immer noch stark unterschätzter Treiber für die Wahrnehmung einer Marke. Denken Sie zum Beispiel an Ihre Automarke. Können Sie sich an den letzten Werbespot der Marke erinnern? Vielen fällt das schwer. Mit hoher Wahrscheinlichkeit aber können Sie sich noch an den letzten Servicetermin in Ihrer Vertragswerkstatt erinnern – wie Sie als Kunde begrüßt und behandelt wurden, ob Ihre Erwartungen erfüllt wurden und Sie mit einem guten Gefühl nach Hause gefahren sind etc. Marken, die konsistent hochwertige Kundenerlebnisse schaffen, stechen positiv aus der Masse hervor. Der Anspruch muss es daher sein, für Kunden lieber immer das Richtige, statt manchmal das Besondere zu machen.

Zusammengefasst

Kundenverbunden zu sein heißt, besondere Kundenmomente zu schaffen. Dabei geht es darum, die Erwartungen der Kunden zu übertreffen, und das auch bzw. gerade in kritischen Situationen, bei Problemen oder wenn der Kunde bereits verärgert ist. Es bedeutet ferner, durch Empathie und Interaktionen von Mensch zu Mensch, individuelle Erlebnisse für Kunden zu schaffen. Kundenverbunden zu sein bedeutet aber auch, die Qualität dieser Erlebnisse nicht dem Zufall zu überlassen, sondern konsequent und nachhaltig dafür zu sorgen, dass die gesamte Organisation und alle Mitarbeiter befähigt werden, Kunden zu begeistern. In den folgenden Kapiteln schauen wir uns die einzelnen Schritte dazu genauer an. ◄

> **Reflexionsfragen Kapitel 1**
> - Wann waren Sie als Kunde zuletzt begeistert? Warum?
> - Mit welchen Marken außerhalb Ihres Kernwettbewerbs konkurrieren Sie?
> - Wie haben sich die Erwartungen Ihrer Kunden in den letzten Jahren verändert?

Literatur

Bates, T. & Petouhoff, N. (2022). *Empathy In Action: How to Deliver Great Customer Experiences at Scale.* Ideapress Publishing. Kindle-Version

Janhagen et al. (2020): *In Search of Signature Moments.* Idean Design Books

Precht, R. D. (2022). *Freiheit für alle: Das Ende der Arbeit wie wir sie kannten.* München: Goldmann

Deloitte. (2017). *Wealth Management Digitalization changes client advisory more than ever before.* https://www2.deloitte.com/content/dam/Deloitte/de/Documents/financial-services/Wealth%20Management%20Digitalization.pdf. Zugegriffen: 27. Januar 2023

Gallup. (2004). *HumanSigma: A Meta-Analysis – The Relationship Between Employee Engagement, Customer Engagement, and Financial Performance.* https://www.gallup.com/workplace/236945/humansigma-meta-analysis.aspx. Zugegriffen: 27. Januar 2023

Gartner Research. (2014). *Customer Experience Is the New Competitive Battlefield.* https://blogs.gartner.com/jake-sorofman/gartner-surveys-confirm-customer-experience-new-battlefield/. Zugegriffen: 27. Januar 2023

Godin. (2012). *It's easier to love a brand when the brand loves you back.* https://seths.blog/2012/07/its-easier-to-love-a-brand-when-the-brand-loves-you-back/. Zugegriffen: 26. Mai 2023

G&P. (2022). *Begeisterte Kunden. Begehrliche Marken. Customer Centricity Studie 2022.* https://www.gp-markenberatung.de/wp-content/uploads/2021/12/Begeisterte_Kunden_Begehrliche_Marken_GP.pdf. Zugegriffen: 27. Januar 2023

Payment & Banking. (2023). *Transactions 20 Rückblick – Alles bleibt anders.* https://paymentandbanking.com/transactions-20-alles-bleibt-anders. Zugegriffen: 20. März 2023

Sinek S. (2009). *100 % of customers are people. 100 % of employees are people. If you don't understand people, you don't understand business.* (Post). X. https://twitter.com/simonsinek/status/5232157344

Walker. (2017). *Customers 2020: A Progress Report.* https://walkerinfo.com/docs/WALKER-Customers2020-ProgressReport.pdf. Zugegriffen: 27. Januar 2023

2

Strategie: Die Basis der kundenverbundenen Organisation schaffen

Wie kommt der Kunde zu Ihnen ins Unternehmen? Vor dieser eigentlichen Aufgabe, die es zu lösen gilt, nämlich eine kundenverbundene Kultur aufzubauen und zu pflegen, müssen wir zunächst den Status Quo und zukünftige Potenziale in puncto Kundenverbundenheit analysieren und verstehen. Wie werden wir als Marke von Kunden und Interessenten wahrgenommen? Wie schneiden wir im Vergleich zum Wettbewerb ab? Worauf wollen wir in Bezug auf unsere Kunden in Zukunft besonderen Wert legen? Was zeichnet uns aus? Was ist unsere Vision für das ideale Kundenerlebnis, welche Ziele ergeben sich daraus? Wo liegen die größten Handlungsbedarfe – sowohl intern bei uns im Unternehmen als auch extern bei dem, was unsere Kunden erleben? Diese Fragen gilt es, als Basis für eine kundenverbundene Organisation zu beantworten.

> *„No business could thrive without that kind of customer obsession." (Jeff Bezos, Amazon)* (Amazon 2023a)

Dem externen Kundenerlebnis geht eine interne Verankerung von Kundenfokus voraus. Hierfür wiederum schaffen wir mit einer durchdachten Strategie die Basis. Sie sollte die in Abb. 2.1. aufgeführten sechs Aspekte beinhalten. Diese werden wir in den folgenden Unterkapiteln einzeln besprechen:

- Bestandsaufnahme und Handlungsbedarfe (Abschn. 2.1)
- Reifegradbestimmung (Abschn. 2.2)
- Rollen und Verantwortlichkeiten (Abschn. 2.3)
- Organisatorische Anbindung des Teams (Abschn. 2.4)
- Vision und Meilensteine (Abschn. 2.5)
- Kundenkompass (Abschn. 2.6)

2.1 Bestandsaufnahme durchführen und Handlungsbedarfe verstehen

Die Bestandsaufnahme, wie kundenfokussiert Ihr Unternehmen heute ist, erfolgt auf drei Ebenen: der Betrachtung der Innensicht, die Analyse der Wettbewerber sowie der Analyse und Integration der Kundensicht.

Interne Grundlagen sichten
Welche Rolle spielt das Kundenerlebnis heute bei Ihnen im Unternehmen? Um diese Frage beantworten zu können, lohnt es sich, alle möglichen Quellen dazu heranzuziehen. Werfen wir zunächst einen Blick in bereits vorhandene strategische Unterlagen. Dazu zählen beispielsweise das Unternehmensleitbild, der Purpose, die Vision, die Mission, Unternehmenswerte, eine definierte Markenpositionierung sowie aktuelle oder vergangene interne Initiativen oder Kultur- oder Botschafterprogramme, die auch das Thema Kunde beinhalten. Es gilt herauszufinden, ob und wenn ja, wie konkret der Kunde bereits heute in den Grundlagen berücksichtigt ist. Wie wir bereits in Abb. 1.1 gesehen haben, ist die explizite Verortung und Konkretisierung des Themas „Kunde" in den unternehmensstrategischen Grundlagen oft sehr unterschiedlich.

Neben der Sichtung bereits vorhandener Datenquellen ist eine Bestandsaufnahme in Form von Management- und Mitarbeiter-Interviews ein weiterer wichtiger Baustein der internen Analyse. Im Kern verfolgen wir damit zwei Ziele:

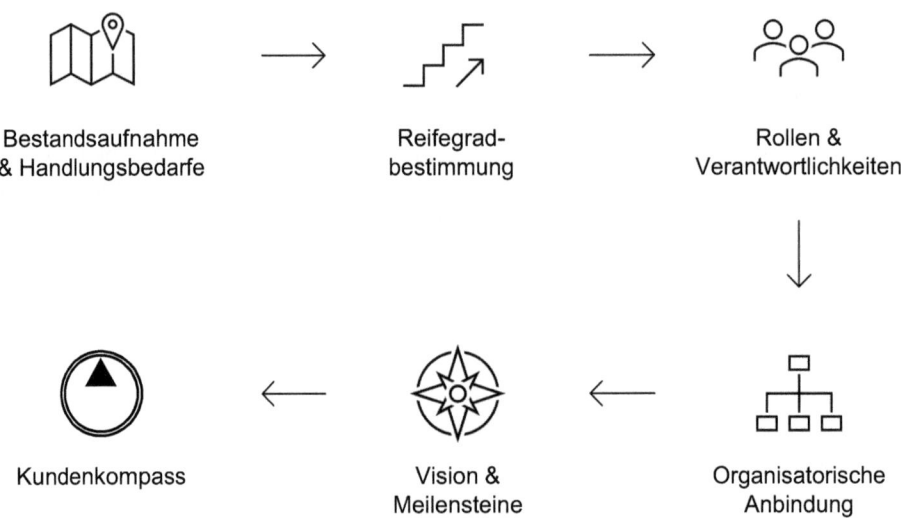

Abb. 2.1 Strategische Grundlagen der kundenverbundenen Organisation. (Quelle: Eigene Darstellung)

- Die **Gewinnung funktionsübergreifender Erkenntnisse** zum Status Quo zum Thema Kundenfokus aus unternehmensinterner Sicht.
- Die Sicherstellung eines **frühzeitigen Buy-in relevanter Stakeholder**
  Durch die Interviews sollen Verantwortliche gleich zu Beginn in die Entwicklung miteinbezogen werden. Dafür erforderlich sind:
  - Involvierung: Nutzen von vorhandenem Know-how und Erfahrungen
  - Wertschätzung: Eingehen auf Meinungen, Wünsche und Fragen
  - Schaffung eines gemeinsamen Verständnisses: Klarheit über Ziele, Umfang und Anforderungen von Kundenfokus

Methodisch sind die Interviews idealerweise als teilstandardisierte Leitfragen-Gespräche aufgebaut. Ein qualitativer Erhebungsansatz erlaubt es, neue Sachverhalte aufzudecken und Hintergründe von Aussagen und Meinungen in Folgefragen zu vertiefen. Durch den Verzicht auf eine fest definierte Reihenfolge der Fragen kann der Interviewer besser auf den Gesprächspartner eingehen und eine angenehmere Gesprächsatmosphäre erzeugen. Die Durchführung selbst kann dabei persönlich vor Ort, via Videokonferenz oder alternativ per Telefon erfolgen, wobei der Zeitbedarf etwa 45 bis 60 Minuten pro Interview beträgt. Bereits ab ca. 25 bis 30 Interviews lassen sich erfahrungsgemäß wertvolle und verwertbare Erkenntnisse generieren, die optional in einem Folgeschritt mittels einer quantitativen Befragung (z. B. via Onlineerhebung) validiert und verfeinert werden können.

Bei der Auswahl Ihrer Interviewpartner sollten Sie die folgenden Kriterien berücksichtigen:

- Die Gesprächspartner sollten über **alle Hierarchiestufen** hinweg ausgewählt werden, idealerweise vom C-Level bis zum Auszubildenden.
- Die Befragten decken **alle Funktionsbereiche** im Unternehmen ab. Es gibt einen gesunden Mix zwischen kundennahen Abteilungen (z. B. Vertrieb, Service, Marketing) und kundenfernen Abteilungen (z. B. Personal, Controlling, Einkauf).
- Die Teilnehmer sind gleichmäßig **verteilt nach Betriebszugehörigkeit.** Die Veteranen im Unternehmen, die schon sehr lange dabei sind, können in den Interviews andere Erkenntnisse liefern als neue Mitarbeiter mit einem frischen Blick.
- Zudem werden die Gesprächspartner im Idealfall auch so ausgewählt, dass eine repräsentative Verteilung von Stakeholdern gewährleistet ist, welche dem Thema Customer Experience tendenziell eher **positiv, neutral und kritisch** gegenüber eingestellt sind.

Die Themenfelder werden in einem Interview-Leitfaden, vgl. Abb. 2.2 abgebildet.

Die Reihenfolge und Priorisierung der Fragen sollte dabei je nach Gesprächspartner und Gesprächsqualität individuell angepasst werden.

Die Kundensicht verstehen

Im Zuge der Bestandsaufnahme ist es sinnvoll, gleich zu Beginn ein klares Verständnis über Kunden und deren Bedürfnisse zu bekommen. Viele Erkenntnisse lassen sich

Themenblock	Beispielhafter Inhalt bzw. Interviewfrage
Begrüßung und Einführung	Vorstellung, Ablauf des Interviews, Zeitbedarf, Methode, Hinweis zur Vertraulichkeit, allgemeine Fragen vorab
Relevanz	„Wie relevant ist das Thema Kunde/Customer Experience für Sie? Wie ist die Relevanz im Vergleich zu anderen Zielen oder Initiativen zu bewerten?"
Status Quo	„Wie würden Sie den aktuellen Reifegrad Ihres Unternehmens in Bezug auf Customer Experience beschreiben? Wie sehr steht der Kunde heute im Zentrum Ihres Unternehmens? Worauf sind Sie am meisten stolz in Bezug auf das Kundenerlebnis Ihres Unternehmens?"
Herausforderungen	„Wo liegen die größten Herausforderungen, welche die Schaffung von Kundenerlebnissen erschweren? Wo sehen Sie dafür die zentralen Handlungsbedarfe, damit Kunden in Zukunft noch mehr im Zentrum stehen?"
Interne Kultur	„Wie würden Sie die interne Kultur in Ihrem Unternehmen beschreiben? Welche Werte, Verhaltensweisen oder ungeschriebenen Gesetze gelten in Ihrer Organisation?"
Kommunikation	„Wie wird die Wichtigkeit des Kundenerlebnisses intern kommuniziert, um das Thema präsent in der ganzen Organisation zu halten?"
Führung	„Welche Art von Anerkennung/Feedback wird seitens der Führungskräfte eingesetzt, um gutes Verhalten dem Kunden gegenüber zu würdigen?"
Erwartungen	„Welche Erwartungen verknüpfen Sie persönlich an eine CX-Initiative? Was sollte angestrebt werden?"
Stolpersteine	„Gibt es etwas, was wir berücksichtigen sollten? Welche Stolpersteine oder Hindernisse könnten Ihrer Einschätzung nach auftreten?"
Vision und Wünsche	„Was ist Ihre Vision für das Thema Kunde? Wenn Sie drei Wünsche für das Thema Kundenfokus freihätten – welche wären das?"
Verabschiedung und Dank	Offene Punkte, nächste Schritte, Verabschiedung

Abb. 2.2 Beispielhafter Interview-Leitfaden zur internen Bestandsaufnahme. (Quelle: Eigene Darstellung)

aus vorhandenen Quellen wie Marktforschungsberichten, vorliegenden CRM-Daten oder bereits existierenden Customer-Journey- und Touchpoint-Analysen gewinnen. Neben der Nutzung dieser Sekundärquellen ist die Bestandsaufnahme im Rahmen einer CX-Initiative ein guter Anlass, auch selbst Gespräche mit Kunden Ihres Unternehmens

2.1 Bestandsaufnahme durchführen und Handlungsbedarfe verstehen

zu führen. Das Ziel dieser Kundeninterviews ist es, die Bedürfnisse und Treiber von Kundenzufriedenheit und -begeisterung als Grundlage für die weitere Ausarbeitung zu verstehen sowie aktuelle Schmerzpunkte beim Kunden aufzudecken. Auch für die Kundeninterviews empfiehlt sich ein qualitatives und exploratives Vorgehen sowie eine holistische Analyseperspektive zu wählen – durch repräsentative Abbildung der Zielgruppen (Kunden, Nicht-Kunden, unterschiedliche Zeiträume der Kundenbeziehung, Branchen, Regionen, Einstellungen etc.). Kunden geben meist gerne Auskunft, wenn die Gesprächsteilnahme als Zeichen der Wertschätzung und echtem Interesse an Kundenfeedback verstanden wird.

Den Wettbewerb betrachten

Ebenso naheliegend und wichtig ist die Betrachtung der wichtigsten Wettbewerber. Welchen Stellenwert nimmt das Kundenerlebnis bei Ihrer Konkurrenz ein? Was ist der Branchenstandard? Wie zufrieden bzw. begeistert sind die Kunden Ihrer Wettbewerber und warum? Dazu lohnt es sich, Sekundärquellen wie Branchenstudien oder Beiträge aus Fachmagazinen heranzuziehen oder auf bereits vorhandene Erkenntnisse aus der Marktforschung zurückzugreifen. Spezifische Metriken wie Kundenzufriedenheit oder der Net Promoter Score (NPS) können dabei als Vergleichsgröße dienen. Diese und andere Messgrößen werden in Abschn. 4.4 dieses Buches näher beleuchtet.

Zusammenfassung der Ergebnisse

Zum Abschluss der Bestandsaufnahme gilt es, die zentralen Erkenntnisse der internen und externen Analyse zusammenzufassen und die wichtigsten Handlungsbedarfe als Absprungbasis für die weitere Arbeit aufzuzeigen. Ein paar typische Herausforderungen, die sich aus einer derartigen Bestandsaufnahme herauskristallisieren sind die folgenden (vgl. G&P 2022):

- **Fehlende Ambition,** das heißt ein zufriedener oder sogar nur ein nicht verärgerter Kunde ist heute für das Unternehmen ausreichend.
- **Fehlende Konsistenz** in der Steuerung von Kundenerlebnisses, das heißt Kundenerlebnisse sind abhängig von der Tagesform einzelner Mitarbeiter im Kundenkontakt oder sonstigen Umständen.
- **Fehlende Guidelines** im Kundenkontakt, das heißt es gibt kein definiertes Zielbild und Richtlinien im Unternehmen für die Gestaltung besonderer Kundenerlebnisse.
- **Fehlende Kundenkultur** durch ausgeprägtes Abteilungs- bzw. Silodenken, das heißt die Organisation ist primär mit sich selbst beschäftigt, statt den Fokus auf den Kunden zu legen.
- **Fehlende Kundenkenntnis bzw. Kundendaten,** das heißt dass valide Informationen über Kunden und deren Bedürfnisse nicht vorliegen bzw. diese nicht durchgängig im Unternehmen bekannt sind.

Diese Herausforderungen werden wir im Laufe des Buches einzeln adressieren und näher darauf eingehen.

2.2 Den Reifegrad bestimmen

Wie weit Ihre Marke in Bezug auf Customer Experience ist, kann nach erfolgter Bestandsaufnahme in einem Maturitätsmodell zusammengefasst werden. Für einen hohen Reifegrad spielen die folgenden fünf Parameter eine zentrale Rolle (vgl. Abb. 2.3).

Je nach Bewertung dieser Einflussfaktoren können wir fünf typische Stufen des Reifegrads in Bezug auf Customer Experience in einer Organisation ausmachen. Je besser ihr Unternehmen bei den einzelnen Parametern abschneidet, desto höher ist der Reifegrad. Die Bestimmung der Maturität ist dabei ein wichtiger Anhaltspunkt für die Operationalisierung. Im Folgenden werfen wir einen Blick auf die fünf typischen Reifegradstufen (vgl. Abb. 2.4).

Stufe 1: „Kundenerlebnis ist Zufall"
In diesem Stadium steht der Kunde nicht im Fokus. Überzeugende Kundenerlebnisse sind das Ergebnis von Zufall oder sie sind gar nicht vorhanden. Es gibt keine Strategie, kein gemeinsames Verständnis und keinen einheitlichen Standard zum Umgang mit Kunden. Häufig treten Kommunikationsprobleme auf, interne Prioritäten sind nicht klar und Best Practices werden nicht geteilt. Außerdem gibt es keine oder veraltete Tools und Ressourcen, was das Management von Kundenerfahrungen angeht.

Stufe 2: „Kundenerlebnis ist eine Insel"
In dieser Phase gibt es zwar in einzelnen Teams und von einzelnen Führungskräften ein klares Bekenntnis zum Kunden, jedoch ist dieses Verständnis weder durchgängig noch beruht es auf definierten Standards im Unternehmen. Maßnahmen und Kontaktpunkte werden situativ am Kunden ausgerichtet. Außerdem gibt es womöglich auch einige aktive „Verweigerer", die behaupten, mit dem Kundenerlebnis nichts zu tun zu haben, nach dem Motto, dass der Kunde doch eher im Marketing, Vertrieb oder Service beheimatet ist.

Stufe 3: „Kundenerlebnis ist ein Projekt"
In Stufe 3 ist die Wichtigkeit für das Thema Kunde auf Führungsebene verstanden und akzeptiert. Im Rahmen von (Teil-)Projekten bemüht sich die Organisation, Kunden ins Zentrum zu stellen. Beispielsweise werden im Marketing Kunden-Personas entwickelt, Vertriebsmitarbeiter pflegen regelmäßig CRM-Systeme und übergreifende Customer Journeys statt isolierter Touchpoints sind die Grundlage der Zusammenarbeit. Das Kundenerlebnis ist durchaus auch ein Teil der Diskussionen auf Managementebene. Nicht immer gibt es jedoch klare Verantwortlichkeiten und die notwendigen Ressourcen.

Stufe 4: „Kundenerlebnis ist eine Initiative"
In diesem Stadium gibt es beispielsweise langjährige Initiativen mit dem klaren Ziel, Kunden dauerhaft ins Zentrum der Organisation zu rücken. Die Bereiche arbeiten dabei meistens gut und übergreifend zusammen. Es gibt kontinuierliche Maßnahmen, Kommunikation, Trainings, Anerkennung für Mitarbeiter, um kundenzentriert zu agieren. Es gibt

Parameter	Definition	Beispiel
Management Commitment	CX ist ganz oben auf der Management-Agenda	CX ist von höchster Relevanz und Priorität für alle Vertreter des Topmanagements
		CX wird aktiv von den Führungskräften vorgelebt
		CX wird vom Management eingefordert und ist Teil der Zielvorgaben
Unternehmenskultur	Die Unternehmenskultur ermöglicht und fördert eine gute CX	Mitarbeiter identifizieren sich mit dem Unternehmen und engagieren sich für eine hohe Qualität der Zusammenarbeit
		Die Employee Experience erfüllt oder übertrifft die Erwartungen
		Das Verständnis und die Bereitschaft, den Kunden in den Fokus zu stellen, ist auf allen Ebenen und in allen Bereichen vorhanden
Status Quo interne Verankerung	CX wird gezielt in der Organisation verankert	CX wird bei Recruiting, Onboarding und Weiterentwicklung berücksichtigt
		Der eigene Bezug zum Kunden ist für alle Mitarbeiter klar
		Es gibt klare Guidelines bzgl. CX für alle Mitarbeiter
Status Quo heutiges Kundenerlebnis	Gute Kundenerlebnisse werden systematisch erzeugt	Der Anteil zufriedener, begeisterter und enttäuschter Kunden ist bekannt
		Kundenerlebnisse sind von konstanter Qualität
		Kundenfeedback wird systematisch eingeholt und intern zur Verbesserung genutzt
Verfügbare Ressourcen	Die nötigen Ressourcen für herausragende CX sind vorhanden	Manpower steht im Unternehmen und durch externe Partner ausreichend zur Verfügung
		Budget für die langfristige Implementierung ist vorhanden
		Die Bereitschaft für Investitionen in technologische Ressourcen und Tools ist vorhanden

Abb. 2.3 Einflussfaktoren auf den Reifegrad in puncto Customer Experience (CX). (Quelle: Eigene Darstellung)

definierte Standards und zum Teil auch begeisterte Kunden. Nicht immer gibt es dabei aber die nötige Konsistenz und die Priorität des Themas mag nicht immer ganz oben sein – vor allem innerhalb verschiedener Unternehmensbereiche.

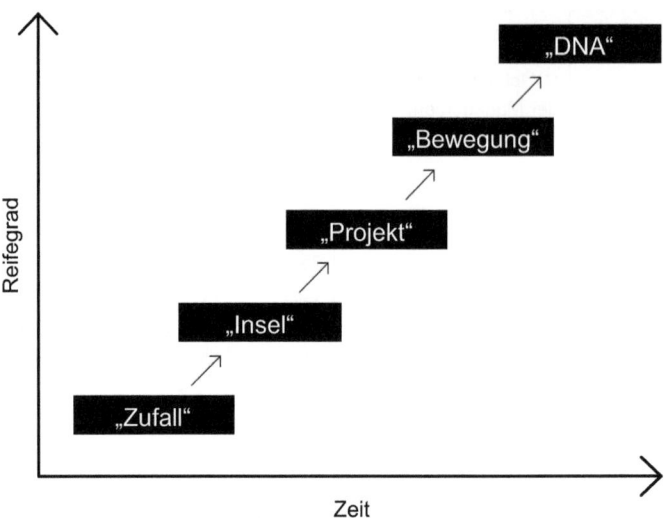

Abb. 2.4 Reifegradstufen in puncto Kundenfokus. (Quelle: Eigene Darstellung)

Stufe 5: „Kundenerlebnis ist Teil der DNA"
In dieser letzten Phase sind alle im Unternehmen aktiv daran beteiligt, begeisternde Kundenerlebnisse dauerhaft und immer wieder neu zu generieren. Es herrscht ein Gefühl der Gemeinsamkeit und der Purpose ist allen klar und präsent. Empathie wird gelebt durch horizontal und vertikal gute Zusammenarbeit, gegenseitigen Respekt und Transparenz. Mitarbeiter haben eine Beziehung zur eigenen Marke und identifizieren sich damit. Das Management ist Vorbild und stiftet Inspiration. Verbesserungen werden ständig gesucht und es gibt einen positiven Drive. Neue Tools werden kontinuierlich auf Nutzen und Zukunftspotenziale evaluiert. Kundenerlebnisse werden gemessen und Feedback regelmäßig für Verbesserungen genutzt. Das Kundenerlebnis ist überzeugend und auch einzigartig und damit ein Grund, warum sich Kunden für die Marke entscheiden.

2.3 Rollen und Verantwortlichkeiten festlegen

Bei der Entwicklung zur kundenverbundenen Organisation stellt sich auch relativ bald die Frage nach dem „Wer" – also den handelnden Personen, die den Prozess initiieren, treiben und zum Erfolg führen sollen. Es gibt typischerweise vier Arten von Beteiligten in diesem Prozess, die wir im Folgenden näher betrachten wollen, vgl. Abb. 2.5.

Das Management als Initiator und Sponsor
Durch das Management wird ein CX-Programm meist ins Leben gerufen. Die Vertreter aus der Führungsriege eines Unternehmens spielen daher eine besondere Rolle. Auch

2.3 Rollen und Verantwortlichkeiten festlegen

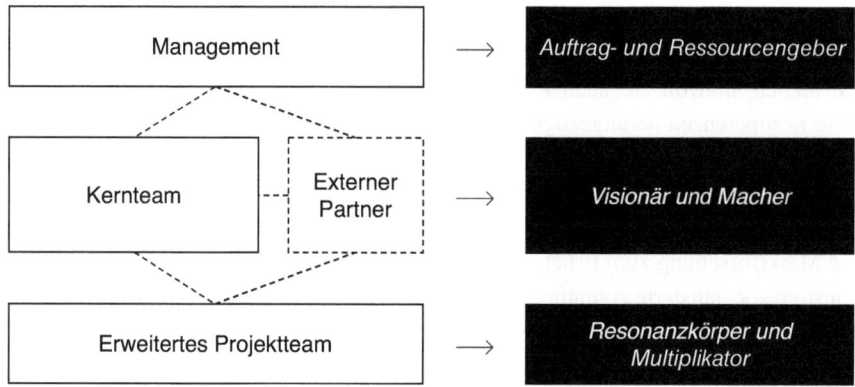

Abb. 2.5 Rollen und Verantwortlichkeiten. (Quelle: Eigene Darstellung)

wenn sie nicht immer einen aktiven Teil haben, leben sie das Thema vor und dies hat einen nicht zu unterschätzenden Signalcharakter. Ferner sind sie als Entscheidungsträger dafür verantwortlich, die nötigen Ressourcen für die Initiative bereitzustellen.

Das Kernteam als operativer Treiber
Die operativ handelnden Personen kommen beispielsweise aus Vertrieb, Marketing und Human Resources. Das Kernteam ist das Herzstück der handelnden Personen. Sie haben die Rolle des Visionärs und Machers gleichermaßen. Je nach Unternehmensgröße können das beispielsweise 1 bis 3 Personen sein, die mindestens 75 % ihrer Arbeitszeit sich diesem Thema widmen. Zu den wichtigsten Aufgaben des Kernteams gehören:

- Zentraler Ansprechpartner für das CX-Programm
- Konzipieren, Organisieren und Überwachen aller (Teil-)Projekte des CX-Programms
- Kommunikation mit allen relevanten Stakeholdern innerhalb (Management, andere Abteilungen etc.) und außerhalb des Unternehmens (Dienstleister, Agenturen, Sonstige)

Dabei sollten Sie bei der Auswahl der Mitglieder des Kernteams ein paar grundlegende Anforderungen berücksichtigen:

- Gute Kenntnisse der Techniken und Methoden des Projekt-/Programmmanagements sind wünschenswert.
- Gute Organisations- und Kommunikationsfähigkeiten sind Pflicht. Treiber von CX-Programmen sind meist gute Netzwerker.
- Und nicht zuletzt Leidenschaft für das Thema, denn nur so kann ein Kundenprogramm langfristig zum Erfolg geführt werden. Frei nach Goethe: *„Es muss von Herzen kommen, was auf Herzen wirken soll."*

Externe Partner für Spezial-Know-how und den Blick von Außen
Das Hinzuziehen externer Erfahrung und Ressourcen ist für ein Kundenprogramm grundsätzlich sinnvoll. Je nach Aufgabenstellung und Bedarf können unterschiedliche externe Kompetenzen herangezogen werden:

- Eine spezialisierte Beratung zum Einkauf von Know-how bei Strategieentwicklung und Rollout,
- die Marktforschung zum Erheben der Kundenwahrnehmung,
- sonstige spezialisierte Agenturen zur Umsetzung ausgewählter Maßnahmen (Kommunikation, Apps etc.) sowie
- Trainer und Coaches, die Vermittlungs- und Veränderungsprozesse individuell begleiten.

Das erweiterte Projektteam als Sounding Board
Mit zunehmender Unternehmensgröße kann es erforderlich sein, den Fortschritt, die Erfolge sowie mögliche Hindernisse regelmäßig, beispielsweise einmal pro Quartal in einem erweiterten Projektteam zu besprechen. Hier zeigt das Kernteam den aktuellen Status auf, holt Feedback ein und entwickelt gemeinsam mit dem erweiterten Projektteam zukünftige Stoßrichtungen. Die Mitglieder des erweiterten Projektteams dürfen dabei gerne etwas weiter vom operativen CX-Management entfernt sein. Unterschiedliche Sichtweisen helfen hier. Auch kann der Austausch genutzt werden, um die Potenziale der synergetischen Verzahnung des Kundenprogramms mit anderen Programmen auszuloten.

2.4 Organisatorische Anbindung des Teams

Ist Ihr CX-Team und die genaue Zusammensetzung definiert, stellt sich die Frage, wo dieses Team in Ihrer Organisation verortet wird, um möglichst hohe Schlagkraft und Durchdringung innerhalb des Unternehmens zu schaffen. Damit einhergehend geht es um die Frage, in welchem Verantwortungsbereich Customer Experience bzw. Kundenfokus letztendlich liegen soll. Drei gängige Varianten sollen im Folgenden näher beleuchtet werden, vgl. dazu auch Abb. 2.6.

CX-Team innerhalb einer bestehenden Rolle (z. B. CMO)
Der Chief Marketing Officer (CMO) und das Marketing-Team werden oft als Hüter der Marke gesehen. Hier wird das Markenversprechen entwickelt, nach außen kommuniziert und die Resonanz gemessen. Durch die Verortung des CX-Teams in diesem Bereich kann das Markenversprechen auch jenseits der Kommunikation für alle Erlebnisdimensionen wie beispielsweise Produkt oder Support übersetzt werden. Ferner können Kundendaten genutzt werden, die üblicherweise auch innerhalb des Marketingteams (z. B. in der Marktforschung) vorhanden sind. Ein möglicher Nachteil kann sein, dass

2.4 Organisatorische Anbindung des Teams

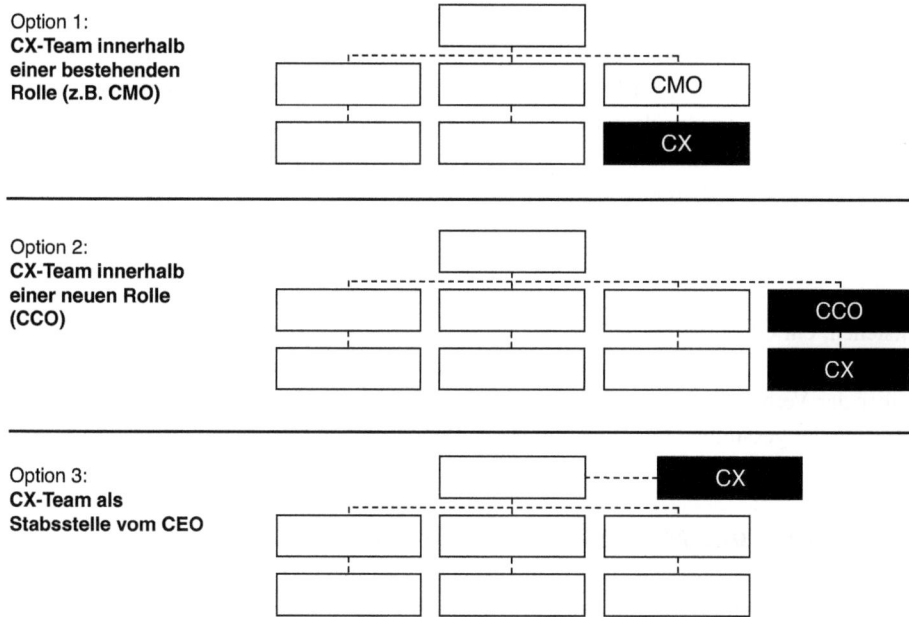

Abb. 2.6 Organisatorische Aufhängung von CX-Teams. (Quelle: Eigene Darstellung)

CX bzw. Kundenfokus durch die klare Zuordnung im Marketing bei Kritikern als ein teurer, unnötiger Marketing-Trend gesehen wird, was jedoch keinen messbaren Mehrwert für das Unternehmen bringt.

CX-Team innerhalb einer neuen Rolle (CCO)
Eine zweite Option ist es, dass das CX-Team innerhalb einer neu geschaffenen Rolle des Chief Customer Officer (CCO) angesiedelt wird. Seit Beginn der 2000er Jahre gewann diese Rolle vor allem im angelsächsischen Raum zunehmend an Beliebtheit. Mit der neuen Rolle auf C-Level soll das Unternehmen und die Prozesse und Abläufe konsequent von außen bzw. aus Kundensicht analysiert und optimiert werden. Der CCO soll das Kundenerlebnis an allen Kontaktpunkten mit der Marke verbessern und die entsprechende Umsetzung innerhalb des Unternehmens auf Top-Management-Ebene vorantreiben. Die objektive und neue Sichtweise, welche diese neue Rolle mit sich bringt, stellt dabei einen wichtigen Vorteil dar. Als nachteilig zu erwähnen ist, dass sich die verantwortliche Person zunächst im Unternehmen etablieren muss und in einer neu geschaffenen Rolle auf anfängliche Widerstände stoßen kann.

CX-Team als Stabsstelle des CEO
Eine weitere Möglichkeit, Ihr CX-Team organisatorisch zu verorten, kann die direkte Aufhängung als Stabsstelle beim Chief Executive Officer (CEO) sein. Der Vorteil ist, dass durch den CEO alle Bereiche innerhalb des Unternehmens einfach und direkt

erreicht werden können und die direkte Anbindung an den CEO ein starkes Signal der Ernsthaftigkeit nach innen darstellt. Eine zentrale Voraussetzung dafür ist, dass diese direkte Anbindung dem CEO nicht auferlegt wird, sondern dass Kundenverbundenheit als zentrales Thema dem CEO auch wirklich am Herzen liegt. Damit zusammenhängend ist ein zentraler Nachteil dieser Organisationsform. Der CEO hat unterschiedliche Verantwortungsbereiche und CX wird immer eines von mehreren Themen auf der Agenda sein.

Die Entscheidung hinsichtlich des richtigen Organisationsmodells muss zum Reifegrad, zur Firmengröße und zur Kultur passen. Es sollte ferner auch nicht der Eindruck entstehen, ein CX-Team sei allein verantwortlich für die Verbesserung der Kundenerlebnisse, denn ein einzelnes Team, bestehend aus wenigen Individuen, kann „nur" der Antreiber der Verbesserung von Kundenerlebnissen sein. Die Rolle des „Umsetzers" muss dabei bei der gesamten Organisation liegen.

2.5 Vision und Meilensteine definieren

Auf Basis des definierten Status Quo geht es bei der Entwicklung der Vision um die Konkretisierung der angestrebten Zukunft: Wie sehen Kundenerlebnisse in Zukunft bei Ihrer Marke aus? Es gilt dabei darum, die Richtung und den Weg dahin festzulegen.

Der gemeinsame Nordstern: Die Vision
Die Vision ist ein ehrgeiziges Statement darüber, wie Ihr Unternehmen in Zukunft Mehrwert für ihre Kunden schafft. Sie gilt als gemeinsamer und langfristiger Orientierungspunkt für Mitarbeiter und Führungskräfte bei allen Entscheidungen, die Kunden betreffen. Eine klar kommunizierte und gelebte Vision schafft Klarheit und regt zum Handeln an. Die Vision ist dabei „groß" genug formuliert, um alle Bereiche einer Organisation zu umfassen und stiftet langfristige Inspiration – auch noch in mehreren Jahren. Dafür kann und soll sie durchaus mutig formuliert sein. Eine gute Daumenregel dafür ist: Eine gute Vision fühlt sich zum einen erstrebenswert, dabei aber auch ein bisschen unbequem an.

Kriterien für erfolgreiche CX Vision Statements
- Es ist klar und prägnant formuliert.
- Es ist präsent in der ganzen Organisation, und zwar auf jeder Ebene.
- Es wird vom Topmanagement aktiv gelebt und eingefordert.

Beispiele für CX Vision Statements
- **American Express**
  „Provide the world's best customer experience every day." (American Express 2023)
- **Amazon**
  „Amazon strives to be Earth's most customer-centric company, Earth's best employer, and Earth's safest place to work." (Amazon 2023b)

2.5 Vision und Meilensteine definieren

- **Lexus**
  „Lexus will treat each customer as we would a guest in our home." (Harvard Business Review 2007)

Wer bei der Entwicklung der Vision beteiligt sein sollte
Die Vision sollte im Co-Creation-Prozess mit unterschiedlichen Beteiligten entwickelt werden. Insgesamt sollte sich die Anzahl des Entwicklungsteams auf sechs bis acht Personen beschränken. Für die Auswahl sollten Sie dabei folgende Beteiligte sicherstellen:

- Mindestens ein Vertreter aus dem Senior Management zur Betonung der Wichtigkeit
- Mindestens ein Vertreter aus dem operativen Bereich zur Sicherstellung der Tauglichkeit für das Daily Business
- Mindestens ein Vertreter aus dem mittleren Management zur Schaffung der Verbindung zwischen den Hierarchien

Ferner kann es hilfreich sein, für die Diskussion und Moderationen einen externen Moderator miteinzubeziehen, auch um die Qualität der Ergebnisse sicherzustellen und um den Blick von außen zu haben.

Den Weg planen: Eckpfeiler und Meilensteine festlegen
Nach der Bestandsaufnahme, der Reifegradbetrachtung, der Bildung eines CX-Teams, inkl. der organisatorischen Aufhängung sowie der Formulierung der CX-Vision werden im nächsten Schritt konkrete Eckpfeiler und Meilensteine des Vorhabens definiert. Dabei geht es um die Beantwortung der folgenden Fragen:

- **Warum?**
  Was ist die Motivation Ihres Unternehmens, das Kundenerlebnis auf eine neue Stufe zu heben?
  z. B. Wettbewerbsdifferenzierung, Steigerung von Kundenloyalität, Schärfung der gemeinsamen internen Ausrichtung
- **Was?**
  Was sind die konkreten Ziele, die Sie mit dem geplanten CX-Programm bei Ihnen im Unternehmen erreichen möchten?
  z. B. Durchdringung und Erreichen von mindestens 80 % der Mitarbeiter, Steigerung der Kundenzufriedenheit
- **Wie?**
  Welche Maßnahmen kommen dabei mit welcher Methodik und welchen Ressourcen bei Ihnen im Unternehmen zum Einsatz? Was ist der Vermittlungsansatz?
  z. B. Durchführung von funktionsübergreifenden Workshops, Integration in Zielvorgaben für Führungskräfte
- **Wann?**
  Innerhalb welcher Zeiträume sollen welche Maßnahmen gestartet bzw. beendet werden?

z. B. *Analyse- und Entwicklungsphase: drei Monate, interne Operationalisierungsphase: zwölf Monate*
- **Wer?**
  Wen wollen Sie erreichen bzw. wer sind die wichtigsten Zielgruppen bei Ihnen im Unternehmen?
  z. B. Mitarbeiter mit Kundenkontakt, Führungskräfte

Sind diese Fragen innerhalb von Kernteam und Projektsponsoren klar beantwortet, haben Sie die nötige Klarheit über den Ansatz Ihres CX-Programms hergestellt.

Explizit werden: Dem Vorhaben einen Namen geben
Ihre geplante Initiative ist in diesem Stadium nun schon sehr konkret. Ein eigener Name für Ihre CX-Initiative kann für das interne Marketing zusätzlich durchaus sinnvoll sein, denn: wer sich im Unternehmen einen Namen machen will, braucht erst mal einen. Der Name ist wichtig, weil er das Thema explizit macht und die Ernsthaftigkeit unterstreicht. Er macht es leichter, konkret Bezug zu nehmen. Der Name sollte möglichst eingängig und positiv besetzt sein sowie die inhaltlichen Kernelemente aufgreifen. Wichtig ist an der Stelle auch noch einmal zu erwähnen, dass eine Kategorisierung in die Schublade „Projekt" für ein ernstgemeintes CX-Vorhaben zu kurz greift. Es handelt sich dabei um eine langfristige, strategische Zielsetzung und gemeinsame Reise mit langfristigem Nutzen. Diese Reise erfordert viele Jahre an Involvement unterschiedlicher Stakeholder im Unternehmen.

2.6 Mit dem Kundenkompass den Wegweiser schaffen

Besondere Kundenerlebnisse sind das Ergebnis bewusst getroffener Entscheidungen. Anders gesagt, Ihre Organisation muss ein einheitliches Verständnis von Kundenfokus leben, und dafür braucht es eine gemeinsame Ausrichtung, die mit einem einheitlichen Kompass hergestellt wird. Daher ist es von zentraler Bedeutung, die grundlegende und markentypische Ausrichtung des Kundenerlebnisses in Form eines Kundenkompasses explizit zu definieren. Dieser Kompass definiert im Kern zwei Elemente (vgl. Abb. 2.7):

- Den Purpose bzw. der Daseinszweck einer Marke
- Die Verhaltensprinzipien einer Marke

2.6.1 Den Purpose zur gemeinsamen Kalibrierung entwickeln

Mit dem Purpose wird die Daseinsberechtigung einer Marke beschrieben, und zwar jenseits der reinen Gewinnorientierung. Es geht um den Sinn und den höheren Kontext, in dem die Aktivitäten eines Unternehmens verortet werden können. Der Purpose verbindet

Abb. 2.7 Kundenkompass.
(Quelle: Eigene Darstellung)

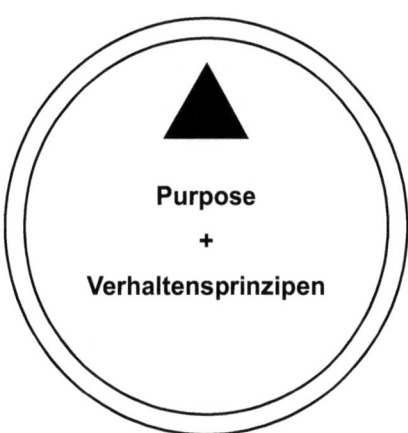

dabei Kunden, Mitarbeiter und die Gesellschaft gleichermaßen mit einer Marke. Im Ergebnis stiftet ein starkes Purpose Statement Identifikation und Inspiration (vgl. Sinek 2011) und ist damit eine wichtige Grundlage, um individuelle Kundenerlebnisse im „Moment of Truth" zu schaffen, also in den entscheidenden Momenten kundenverbunden zu handeln. Der Purpose gibt eine klare Antwort auf das „Warum" und schafft so ein sinnstiftendes Element über die eigentliche Tätigkeit hinaus. Wie das aussehen kann, zeigt die bekannte Geschichte der drei Steinmetze von Peter Drucker (Drucker 2006):

> *An old story tells of three stonecutters who were asked what they were doing. The first replied, 'I am making a living'. The second kept on hammering while he said, 'I am doing the best job of stonecutting in the entire country.' The third one looked up with a visionary gleam in his eyes and said, 'I am building a cathedral.'*

Die Kraft, die von einem expliziten und attraktiven Purpose Statement ausgeht, machen sich mittlerweile etwa 70 % aller im DAX und MDAX gelisteten Unternehmen in Deutschland zu Nutze (vgl. Capital 2023). Nicht alle Purpose-Statements sind so formuliert, dass sie Mitarbeiter mitnehmen. Schauen wir uns daher ein paar bekannte und positive Beispiele für starke Purpose Statements an.

- **Zappos**
  „To live and deliver WOW" (Hsieh 2013)
- **Beiersdorf**
  „Care For Human Touch to Inspire Togetherness" (Beiersdorf 2023)
- **Disney**
  „We create Happiness" (Disney Institute & Kinni 2011)

Aus diesen Beispielen lassen sich zwei zentrale Anforderungen für die Formulierung des eigenen Purpose-Statements ableiten.

Anforderung 1: Der Purpose ist inspirierend und emotional ansprechend
Wie an den Beispielen oben unschwer erkennbar ist, sprechen diese starke menschliche Grundemotionen an (Begeisterung: Zappos, Zusammensein: Nivea, Glück: Disney) und stiften damit Begehrlichkeit bei Kunden und einen größeren Sinn für Mitarbeiter. Damit dies gelingt, darf das Purpose-Statement nicht zu eng oder spezifisch formuliert sein, auch um ausreichend Raum für individuelle Interpretation und damit Identifikation sowie auch um zukünftige Türen zu öffnen zu gewährleisten. Ausdruckslose und schwache Purpose-Statements sind meist sehr nah am Kerngeschäft oder den Produkten einer Marke formuliert. Sie beschreiben vielmehr das „Was" statt dem „Warum". Auch B2B-Marken können übrigens einen inspirierenden Purpose haben.

Anforderung 2: Der Purpose stellt einen Bezug zu einem übergreifenden Problem oder Bedürfnis her
Der höhere Sinn einer Marke findet immer im Kontext zu etwas Größerem statt: den Bedürfnissen der Menschen, der Gesellschaft oder dem Planeten. Daher muss der Purpose Bezug darauf nehmen und klarmachen, inwiefern die Marke einen positiven Beitrag leistet. Dabei sollte die Glaubwürdigkeit und spätere Verifizierbarkeit bei der Entwicklung des Purpose nicht außer Acht gelassen werden. Andernfalls besteht das Risiko, dass der Purpose in der Realität nicht einlösbar ist und nur schmückendes Beiwerk ist. Dabei gibt der Purpose der geschäftlichen Transaktion eine Form von höherem Sinn. Ähnliches leistet der Purpose auch für die Mitarbeiter eines Unternehmens. Der Purpose bietet ein Identifikationsangebot und damit die Möglichkeit, sich an etwas „Größerem" als der eigentlichen Tätigkeit zu orientieren. Das Gefühl, sich als wichtiger Teil des großen Ganzen zu fühlen, gibt vielen Mitarbeitern eine Form von Zufriedenheit, Inspiration und Verbundenheit mit einer Marke.

Wie Ihr Purpose dabei hilft, Kundenerlebnisse zu generieren
Mit der Beschreibung des „Warums" geht der Purpose über das Angebot einer Marke hinaus. Er beschreibt einen Antrieb und eine Haltung, die jedem Mitarbeiter dabei hilft, besondere Kundenerlebnisse zu erzeugen. Damit generiert der Purpose eine Einheit und schafft eine Verbindlichkeit und einen gemeinsamen Auftrag für alle Mitarbeiter, unabhängig von der Funktion oder Hierarchiestufe eines Unternehmens. „We create Happiness" heißt beim Beispiel von Disney also, dass dieser Antrieb sowohl für den Animateur oder die Servicekraft im Disney Park gilt, als auch für den Techniker, den Hausmeister oder die Führungskraft aus der Zentrale. Alle sind für das Kundenerlebnis verantwortlich. „To live and deliver WOW" bedeutet für jeden bei Zappos für Begeisterung zu sorgen: für den CEO, den Einkäufer, aber eben auch für den Empfangsmitarbeiter oder den Lageristen, der die Pakete packt.

Wie Sie ein Purpose-Statement entwickeln
Wie bereits erwähnt, kann es hilfreich sein, sich zunächst in bestehende Inhalte einzuarbeiten: die (Gründungs-)Geschichte, die Identität der Marke oder die gelebten Werte

des Unternehmens können wertvolle Ansatzpunkte liefern. In einem zweiten Schritt können vertiefende Erkenntnisse durch einen co-kreativen Prozess mit unterschiedlichen Stakeholdern durchgeführt werden. Ähnlich wie bei der Entwicklung der Vision ist es hilfreich, durch teilstandardisierte Interviews Antworten auf die Frage nach dem Daseinszweck zu bekommen. Eine offene Gesprächsatmosphäre ohne ein starr definiertes Fragekorsett hilft dem Interviewten dabei, seine Gedanken frei zu entfalten und fördert den Kreativitätsprozess. Bei der Formulierung der Fragen kann es ferner hilfreich sein, sich der Frage nach dem „Warum" von verschiedenen Perspektiven zu nähern, z. B.

- *„Was macht uns einzigartig?"*
- *„Was hat uns zu dem gemacht, der wir heute sind?"*
- *„Was treibt uns an?"*
- *„Wo machen wir einen echten Unterschied (im Markt bzw. in der Welt)?"*
- *„Worauf sind wir besonders stolz?"*
- *„Warum arbeite ich hier? Warum entscheiden sich Mitarbeiter für uns bzw. bei uns zu bleiben?"*
- *„Warum entscheiden sich Kunden für uns?"*

Im nächsten Schritt werden die Inhalte geclustert nach thematischen Routen und in Form von Szenarien und konkreten Formulierungen verdichtet. Für eine objektive Bewertung dieser Szenarien kann es im Anschluss hilfreich sein, die einzelnen Szenarien hinsichtlich der Anforderungen zu bewerten. Auch dies passiert in einem integrativen und iterativen Prozess, idealerweise mit demselben Kernteam aus sechs bis acht Personen, die auch für die Vision und Zielsetzung verantwortlich sind. Nachdem das Purpose Statement gefunden und verabschiedet wurde, halten viele Unternehmen es für erforderlich, bestehende Inhalte wie Werte wiederum auf Grundlage des Purpose anzugleichen. Ziel sollte ein verständlicher und schlüssiger Zusammenhang aller strategischen Inhalte sein.

> **Im Rampenlicht: Zappos**
>
> Zappos ist ein US-amerikanischer Onlinehändler, der schwerpunktmäßig Schuhe und Modeartikel verkauft. Das Unternehmen macht etwa 1 Mrd. US-Dollar Umsatz und beschäftigt etwa 1500 Mitarbeiter. 2009 übernahm Amazon den Onlinehändler. Kundenservice stand von Beginn an im Mittelpunkt des Geschäfts. Die oberste Priorität bei Zappos ist jedoch die eigene Unternehmenskultur. Zappos stellt nach eigenen Angaben nur Leute ein, die eine außerordentliche Leidenschaft für Kundenservice mitbringen. Werfen wir einen Blick darauf, wie Zappos seine Kunden und Mitarbeiter begeistert.
>
> **Einfache Erreichbarkeit**
> Besucht man die Webseite von Zappos, fällt schnell auf, dass es Zappos dem Kunden einfach macht, Kontakt aufzunehmen. Selbst die Telefonnummer mit einem direkten

Draht zu einem Servicemitarbeiter wird gut auffindbar und an mehreren Stellen auf der Webseite kommuniziert, beispielsweise auch im Zusammenhang mit der Produktsuche. Zappos geht damit einen anderen Weg als viele andere Onlinehändler, die es dem Kunden gefühlt so schwer wie möglich machen, Kontakt per Telefon aufzunehmen. Viel lieber werden anderorts aufwendige Self-Help-Center erstellt, die jedoch oft eher den Eindruck erwecken, die Arbeit an den Kunden zu delegieren. Zappos *möchte* tatsächlich mit seinen Kunden sprechen und nutzt diesen Kanal aktiv als Marketinginstrument. Die Kontaktmöglichkeit per Telefon ist durchgehend gewährleistet, 24 h am Tag, an sieben Tagen in der Woche. Durch das Telefon kann Zappos direkt mit seinen Kunden reden und so kommt es, dass Zappos-Mitarbeiter einem Kunden evtl. eine andere Website empfehlen oder sogar helfen, ein Produkt woanders zu erwerben, wenn Zappos selbst das Produkt gerade nicht führt. Tony Hsieh, der Gründer von Zappos rief einmal nachts aus einem Hotel den eigenen Kundenservice an, um eine Pizza zu bestellen. Natürlich wird diese bei Zappos nicht geführt. Dennoch hat der Customer Service dabei geholfen, die Pizza zu bestellen. Für Zappos ist das eine einzigartige Chance für Begeisterung und positive Mundpropaganda.

Mitarbeiter sind die wichtigsten Kunden
Die Zappos Kultur basiert auf Vertrauen und Empowerment der Mitarbeiter. Laut Tony Hsieh ist es das oberste Ziel, dass die Arbeit bei Zappos Spaß macht. Und dafür wird eine Menge geboten und die Mitarbeiter haben viele Freiheiten. Es muss sich niemand verstellen und kann so kommen wie er ist, beispielsweise auch im Schlafanzug. Es gibt laufend Feiern und interne Events. Schreibtische können völlig individuell gestaltet werden. Titel und Hierarchien sind fast alle abgeschafft und Entscheidungen sollen nach Möglichkeit von der Gruppe getroffen werden. Zappos verteidigt jedoch auch seine Mitarbeiter und trennt sich laut eigener Aussage auch im Zweifel von Kunden, wenn diese unfreundlich oder unverschämt gegenüber Zappos Mitarbeitern werden.

Prämie für diejenigen, die nicht bei Zappos anfangen
Zappos möchte von den neu eingestellten Mitarbeitern nur diejenigen behalten, die echtes und intrinsisches Interesse an gutem Kundenservice haben. Das geht zurück auf den Grundsatz, dass Kundenservice bei Zappos keine Abteilung ist, sondern die gesamte Firma. Neue Mitarbeiter durchlaufen ein vierwöchiges Trainingsprogramm, in dem neben der Historie, der Philosophie und der Unternehmenskultur vor allem die Wichtigkeit des Kundenservices geschult werden. Jeder neue Mitarbeiter verbringt dabei auch ganze zwei Wochen im Customer Service im direkten Kundenkontakt. Am Ende der ersten Woche des Einführungstrainings gibt es ein spezielles Angebot für alle Teilnehmer. Zappos bietet 2000 US-Dollar Prämie jedem Mitarbeiter, der das Unternehmen wieder verlassen möchte, zusätzlich zum Gehalt für die Zeit im Unternehmen. Das Angebot gilt bis zum Ende der Einführungsschulung. So stellt Zappos sicher, dass nur diejenigen beim Unternehmen bleiben, die wirklich bleiben wollen. ◄

2.6.2 Die Verhaltensprinzipien als Richtlinie

Der zweite Teil eines Kundenkompasses sind neben dem Purpose Statement die sogenannten Verhaltensprinzipien. Sie definieren die übergreifenden Servicestandards einer Marke. Sie konkretisieren den Purpose und stellen konsistente, aus Kundensicht hochwertige Erlebnisse sicher. Die Prinzipien beschreiben und ordnen die wichtigsten Elemente des Kundenerlebnisses. Sie gelten für jede Interaktion – von der Begrüßung über die Übergabe bis zum Umgang mit einer Beschwerde. Genauso dienen sie als übergreifende Richtlinie für die Zusammenarbeit intern.

Verhaltensprinzipien schaffen Klarheit für Mitarbeiter
- Sie schaffen Orientierung.
- Sie bieten eine Grundlage und den Orientierungsrahmen für individuelle Entscheidungen.

Verhaltensprinzipien erleichtern die Führungsarbeit
- Sie schaffen Klarheit für Führungskräfte.
- Sie setzen einen einheitlichen Maßstab für die ideale Zusammenarbeit.
- Sie vereinfachen die Zusammenarbeit unterschiedlicher Abteilungen durch ein gemeinsames Verständnis.

Verhaltensprinzipien sorgen für Konsistenz
- Sie sorgen für eine gleichbleibende Qualität der Kundenerlebnisse, unabhängig vom Mitarbeiter oder der Region.
- Sie steigern Kundenzufriedenheit.
- Sie geben Kunden eine klare Vorstellung, was sie von einer Marke erwarten können.
- Sie schaffen Differenzierung für eine Marke.

Ritz-Carlton fasst die Verhaltensprinzipien der Marke in den sogenannten 12 Service Values zusammen.

> **Beispiel 1: Ritz-Carlton – 12 Service Values. (Quelle: Ritz-Carlton Leadership Center 2023)**
>
> 1. I build strong relationships and create Ritz-Carlton guests for life.
> 2. I am always responsive to the expressed and unexpressed wishes and needs of our guests.
> 3. I am empowered to create unique, memorable and personal experiences for our guests.
> 4. I understand my role in achieving the Key Success Factors, embracing Community Footprints and creating The Ritz-Carlton Mystique.

5. I continuously seek opportunities to innovate and improve The Ritz-Carlton experience.
6. I own and immediately resolve guest problems.
7. I create a work environment of teamwork and lateral service so that the needs of our guests and each other are met.
8. I have the opportunity to continuously learn and grow.
9. I am involved in the planning of the work that affects me.
10. I am proud of my professional appearance, language and behavior.
11. I protect the privacy and security of our guests, my fellow employees and the company's confidential information and assets.
12. I am responsible for uncompromising levels of cleanliness and creating a safe and accident-free environment. ◄

Die Marke Zappos hat zehn Core Values als Verhaltensprinzipien für die eigenen Mitarbeiter definiert. Diese gelten nach innen und nach außen gleichermaßen.

Beispiel 2: Zappos Core Values

(Hsieh 2013)

1. Deliver WOW through Service
2. Embrace and Drive Change
3. Create Fun and A Little Weirdness
4. Be Adventurous, Creative, and Open-Minded
5. Pursue Growth and Learning
6. Build Open and Honest Relationships With Communication
7. Build a Positive Team and Family Spirit
8. Do More With Less
9. Be Passionate and Determined
10. Be Humble ◄

Disney konkretisiert das Kundenerlebnis anhand von vier Service Standards. Dabei spielt auch die Hierarchie der Standards eine Rolle, beispielsweise steht immer zuerst die Sicherheit der Kunden (genannt „Gäste") im Vordergrund, oder das Erlebnis ist wichtiger als die Effizienz.

Beispiel 3: Disney Service Standards

(vgl. Disney Institute & Kinni 2011 und Disney Institute (2023)).

1. Safety (Sicherheit)
2. Courtesy (Höflichkeit)

3. Show (Show, Erlebnis i.w.S.)
4. Efficiency (Effizienz) ◄

Die Mitarbeiter von Singapore Airlines werden anhand sechs definierter Werte in Bezug auf markenadäquates Verhalten ausgebildet.

Beispiel 4: Singapore Airlines Values

(*Quelle:* Singapore Airlines 2023)

1. Pursuit of Excellence
2. Safety
3. Customer First
4. Concern for Staff
5. Integrity
6. Teamwork ◄

▶ **Perspektivwechsel** Stellen Sie sich vor, Sie hätten einheitliche Verhaltensprinzipien durchgängig über alle Abteilungen hinweg bei Ihnen im Unternehmen etabliert. Alle haben damit einen einheitlichen Standard, um die eigene Arbeit und das eigene Verhalten besser und konsistenter am Kunden auszurichten. Wie würde das die Zusammenarbeit intern und das Kundenerlebnis extern verändern?

Beispielhafte Verhaltensprinzipien und deren Erklärung
Zur Bestimmung der Verhaltensprinzipien für die eigene Marke kann Abb. 2.8 als Übersicht und Inspiration dienen. Typische Prinzipien werden in alphabetischer Reihenfolge aufgeführt, anhand eines beispielhaften Verhaltens konkretisiert und der Beitrag zum Kundenerlebnis veranschaulicht.

Die Verhaltensprinzipien definieren den Standard – also das, was Kunden zu jeder Zeit erwarten dürfen und wodurch Ihre Marke ein konsistentes und differenzierendes Bild erzeugt. Wie man die richtigen Verhaltensprinzipien findet und welche Anforderungen es dafür gibt, schauen wir uns im Folgenden näher an.

Die Definition der richtigen Verhaltensprinzipien
Um als Marke konsistente Kundenerlebnisse mithilfe der Standards schaffen zu können, müssen diese zunächst definiert werden. Ziel ist es, die wichtigsten Prinzipien zu finden, wobei diese universelle Gültigkeit haben sollten, also für jede Rolle im Unternehmen relevant sein müssen. Die Anzahl der Prinzipien sollte dabei möglichst gering gehalten werden. Drei bis fünf an der Zahl sind ein guter Orientierungswert, auch wenn dieser überschritten werden kann, wie wir in den Beispielen vorne gesehen haben. Jedes Prinzip muss einen klaren Mehrwert für den Kunden haben und zu einem

Prinzip	Beispielhaftes Verhalten	Exemplarischer Beitrag zum Kundenerlebnis
Agilität	Schnelles Einstellen auf individuelle Kundenbedürfnisse	„Die verstehen immer sofort, was ich brauche – und setzen es direkt um"
Aufrichtigkeit	Versprechen stets einlösen und Worten Taten folgen lassen	„Denen vertraue ich, gerade auch, weil sie ehrlich sind, wenn mal etwas nicht nach Plan läuft"
Begeisterung	Ein kleines bisschen mehr tun, als erwartet wird	„Die Begeisterung ist einfach ansteckend"
Effizienz	Vorausschauend und unternehmerisch handeln	„Die achten meine kostbare Zeit"
Einfachheit	Verständliche und klare Sprache verwenden	„Marke X erleichtert mein Leben"
Empathie	Zuhören und sich in den Kunden hineinversetzen	„Die bei Marke X verstehen wirklich, wie es mir geht"
Innovation	Stetig nach Verbesserungsmöglichkeiten suchen	„Frau Müller von Marke X denkt immer einen Schritt weiter"
Komfort	Das Wohlbefinden des Kunden stets im Blick haben	„Hier fühle ich mich einfach wohl"
Kreativität	Probleme neu und besser lösen	„Die kommen auf neue und wirklich nützliche Lösungen für mein Problem"
Ordnung	Systematisches und genaues Vorgehen	„Hier läuft alles nach Plan und systematisch ab"
Professionalität	Einen klaren Kopf bewahren und sachlich bleiben	„Die bei Marke X sind durch nichts aus der Ruhe zu bringen"
Sicherheit	Jegliches Risiko und Gefahr eliminieren	„Hier fühle ich mich gut aufgehoben"
Verantwortung	Entscheidungen gewissenhaft treffen und die Konsequenzen tragen	„Jeder bei Marke X setzt sicher immer voll und ganz für mein Problem ein"
Vertrauen	Offenheit und Wertschätzung zeigen	„Egal, womit ich auch komme, Marke X ist immer für mich da"
Zugänglichkeit	Offene und nahbare Sprache sowie Gesten verwenden	„Hier fühlt sich jeder willkommen"

Abb. 2.8 Beispiele für Verhaltensprinzipien. (Quelle: Eigene Darstellung)

herausragenden Kundenerlebnis beitragen. Wichtig für die Beurteilung, wann dies der Fall ist, ist die Bestandsaufnahme und Analyse (siehe Abschn. 2.1). Für die Selektion der Standards können ferner folgende Leitfragen hilfreich sein:

- Welches Prinzip ist nicht verhandelbar für uns und die Grundlage jeder Interaktion?
- Für welches Prinzip wollen wir als Marke bekannt sein, bzw. was können nur wir?
- Wie stellen wir im Kundenerlebnis auch die operative Exzellenz sicher?

Nach einer ersten Auswahl im Kernteam, welches idealerweise auch bei der Entwicklung der Vision und des Purpose Statements beteiligt war, sollte die Praktikabilität überprüft werden, z. B. anhand konkreter unternehmensspezifischer Kundensituationen bzw. -problemen, wie beispielsweise:

- Eine lange Reaktionszeit auf eine Kundenanfrage
- Eine verzögerte Auslieferung eines Produktes
- Ein technisches Problem, das beim Kunden auftritt
- Etc.

Es gilt, sich mit Empathie in diese oder andere für Ihre Kunden typische Situationen hineinzuversetzen und zu überprüfen, ob sie sich mithilfe des definierten Kundenkompasses (bestehend aus Purpose und Verhaltensprinzipien) aus Kundensicht lösen lassen, bzw. sogar für einen Wow-Moment sorgen können. Wichtig ist an der Stelle zu erwähnen, dass die Lösung je nach Person, Rolle, Verantwortungsbereich unterschiedlich ausfallen darf und soll. Denn der Kundenkompass ist auch ein Empowerment Tool und begrüßt individuelle Lösungsansätze.

Anforderungen an die Entwicklung eines Kundenkompasses
Der Purpose in Kombination mit drei bis fünf definierten Verhaltensstandards sind die inhaltliche Grundlage, um langfristig und über alle Bereiche hinweg dabei zu helfen, Markenbegehrlichkeit durch besondere und differenzierende Kundenerlebnisse aufzubauen. Dabei sind zwei Anforderungen essenziell: Einfachheit und Markentypik.

Anforderung 1: Die Inhalte sind einfach und klar zu verstehen und umzusetzen
Viele strategische Elemente und Inhalte sind zu komplex, zu wenig greifbar und zu wenig emotional ansprechend. Oft findet man einen demokratischen Kompromiss, der leider wenig motivierend ist, beispielsweise durch den übermäßigen Einsatz von Anglizismen, Fremdwörter oder nichtssagende Buzzwords, die zwar innovativ klingen, aber keine tangible Bedeutung haben. Den Kundenkompass einer Marke inhaltlich auf den Punkt zu bringen, ist eine Kunst. Die Aufgabe benötigt Kreativität, Abstraktionsvermögen, aber auch den Mut zum Verzicht. Dieser Fokus wiederum erfordert Klarheit über die eigenen Prioritäten und Ziele, was eine tiefergehende Beschäftigung mit dem Thema bedarf. Auch scheint es hier oft einen Zielkonflikt zwischen inhaltlicher Präzision und einfacher Verständlichkeit zu geben. In einigen Fällen können zu spitz formulierte Inhalte zu einer erschwerten Verständlichkeit führen. Hier gilt es abzuwägen, auch vor dem Hintergrund, dass der Purpose und Standards für alle Mitarbeiter – vom Pförtner bis zum CEO – zugänglich und eingängig sein sollten.

Anforderung 2: Die Inhalte sind markentypisch
Die Daseinsberechtigung einer Marke ergibt sich aus der Historie, aus Themen, die untrennbar mit einer Marke verbunden sind, aus Innovationen, aus Mythen, kurz aus der DNA eines Unternehmens. Der Kundenkompass bringt also dabei pointiert zum Ausdruck, was im Unternehmen bereits vorhanden ist und wird damit untrennbar mit einer Marke verbunden. So war beispielsweise Unterhaltung und Freude („Happiness") seit der Gründung durch Walt Disney die Grundlage der Marke Disney. Pflege (Care) ist seit Jahrzehnten der Markenkern von Nivea. Neben diesen positiven Beispielen gibt es leider auch viele austauschbare, Purpose Statements bzw. Verhaltensprinzipien, die keine Eigenständigkeit bzw. Typik aufweisen. Unter den Verhaltensprinzipien sollte mindestens ein echter Differentiator sein, also etwas, das nur Sie als Marke bieten können. Wird dieser Differenzierungsfaktor als solcher konsistent für Kunden erlebbar, so trägt er dazu bei, dass Kunden eine positive Grunderwartung mit einer Marke verbinden. Und das wird noch wichtiger, denn nur das zu machen, was Kunden verlangen, wird in Zukunft nicht mehr ausreichen, um positiv aus dem Wettbewerbsumfeld hervorzustechen, geschweige denn langfristig stabile Kundenbeziehungen aufzubauen. Generische Leistungen erzeugen generische Wahrnehmung. Gelingt es einer Marke, vorauszugehen und das eigene Markenversprechen dafür zu nutzen, differenzierende Akzente im Kundenerlebnis zu setzen, so wird die Marke zu einem nicht kopierbaren Kundenerlebnis-Booster. Marke macht Kundenerfahrungen also einzigartiger und gleichzeitig konsistenter. Starke Marken schaffen damit starke, nicht kopierbare Kundenerlebnisse.

2.7 Zusammenfassung der Erfolgsfaktoren

Betroffene zu Beteiligten machen – gleich zu Beginn
Haben Sie schon einmal vom sogenannten Not-Invented-Here-Syndrom gehört? Damit gemeint ist eine negative Haltung bestimmter Beteiligter im Unternehmen gegenüber neuen Ansätzen oder Innovationen, die nicht von einem selbst stammen und daher aus Eitelkeit oder Konkurrenzdenken abgelehnt werden. Je größer die Organisation ist, in der Sie tätig sind, desto wichtiger ist es daher, relevante Abteilungen oder Personen frühzeitig zu identifizieren und von Beginn an in den Entwicklungsprozess miteinzubeziehen. So schaffen Sie eine breite Basis für Involvement, Kooperation und eine gute Grundlage für die spätere Verankerung in der Breite.

Dem Prozess die nötige Zeit geben
Die Entwicklung Ihres eigenen Kundenkompasses mag auf den ersten Blick einfach wirken. Der Teufel steckt jedoch oft im Detail oder anders gesagt liegt die Kunst darin, die Essenz aller zukünftigen Kundenerlebnisse in wenige Worte zu destillieren, die klar, handlungsleitend sowie ganzheitlich und differenzierend anwendbar sind. Daher ist es empfehlenswert, ausreichend Zeit einzuplanen für Reflexion, Testen, Weiterentwicklung sowie die Abstimmung mit relevanten Stakeholdern. Ähnlich wie beim Bau eines Hauses

müssen Sie als Architekt sowohl das große Ganze sowie alle relevanten Details bereits vor der Ausführung durchdacht und geplant haben.

Kill es much as you create
„Schon wieder eine neue Initiative?" Damit Kundenverbundenheit den nötigen Raum in der Organisation bekommt und nicht „als nächste Sau durchs Dorf getrieben wird" sollten Sie vor dem Launch überlegen, was Sie an strategischen Inhalten nicht nur verändern und hinzufügen können, sondern auch, was Sie über Bord werfen können. Leider sorgen oft bereits existierende Inhalte oder parallele Programme im Unternehmen für unnötige Konfusion oder führen gar zu Kannibalisierung. Auch das interne Kundenerlebnis muss begeistern und dazu gehört nach dem Setup des Programms auch das Aufräumen und Harmonisieren aller strategischen Inhalte.

> **Zusammengefasst**
>
> Um als gesamte Organisation kundenverbunden zu werden, muss zunächst die inhaltliche Basis dafür geschaffen werden. Sie müssen verstehen, wo die spezifischen Handlungsbedarfe beim Kundenerlebnis Ihrer Marke liegen, welche Bedürfnisse dabei Ihre Organisation hat und darauf aufbauend Ihre Strategie entwickeln. Sie entwickeln eine Vision, einen Purpose und konkrete Verhaltensprinzipien, die das Kundenerlebnis Ihrer Marke einzigartig machen. All das funktioniert am besten in einem integrativen und iterativen Entwicklungsprozess, in dem bereits der Grundstein für die nachfolgende interne Operationalisierung in der Organisation gelegt wird. Um genau den geht es im folgenden Kapitel. ◄

> **Reflexionsfragen Kap. 2**
>
> - Wie beschreiben Kunden das Erlebnis, das sie mit Ihrer Marke haben?
> - Wie würden Sie den Reifegrad bei Ihnen im Unternehmen in puncto Kundenverbundenheit einschätzen?
> - Was ist einzigartig bei Kundenerlebnissen mit Ihrer Marke?

Literatur

1. Disney Institute & Kinni, T. (2011). *Be Our Guest: Perfecting the Art of Customer Service*, New York: Disney Editions
2. Drucker, P. F. (2006). *The Practice of Management.* New York: HarperCollins
Hsieh, T. (2013). Delivering Happiness. A Path to Profits, Passion and Purpose. New York: Business Plus
4. Sinek, S. (2011). Start With Why: How Great Leaders Inspire Everyone To Take Action. London: Penguin
Amazon (2023a). *2018 Letter to Shareholders.* https://www.aboutamazon.com/news/company-news/2018-letter-to-shareholders, Zugegriffen: 26. Mai 2023

Amazon (2023b), Who we are. https://www.aboutamazon.com/about-us. Zugegriffen: 26. Mai 2023

American Express (2023), Welcome to American Express. https://www.americanexpress.com/in/company/mission.html. Zugegriffen: 26. Mai 2023

(Beiersdorf, 2023), #CareForHumanTouch – NIVEA launches global purpose, Pressemitteilung. https://www.beiersdorf.de/meta-pages/search-result-page-bak?query=purpose+, Zugegriffen: 18. September 2023

Capital (2023), *Dax- und MDax-Unternehmen: Welche Purpose-Statements ankommen und welche nicht.* https://www.capital.de/wirtschaft-politik/dax--und-mdax-unternehmen-welche-purpose-statements-ankommen-32551904.html. *Zugegriffen: 26. Mai 2023*

Disney Institute (2023), *Disney Customer Service 101: Why Courtesy Is Not Always Our First Priority.* https://www.disneyinstitute.com/blog/disney-customer-service-101-why-courtesy-is-not-always-our-first-priority/ Zugegriffen: 26. Mai 2023

G&P. (2022). *Begeisterte Kunden. Begehrliche Marken. Customer Centricity Studie 2022.* https://www.gp-markenberatung.de/wp-content/uploads/2021/12/Begeisterte_Kunden_Begehrliche_Marken_GP.pdf. *Zugegriffen: 27. Januar 2023*

Harvard Business Review (2007). More Lessons from Lexus–Why It Pays to Do the Right Thing. https://hbr.org/2007/12/more-lessons-from-lexuswhy-it, Zugegriffen: 24. September 2023

Ritz-Carlton Leadership Center (2023). *I Am Proud To Be Ritz-Carlton: A Look At Our 12 Service Values.* https://ritzcarltonleadershipcenter.com/2022/04/06/i-am-proud-to-be-ritz-carlton-a-look-at-our-service-values/, Zugegriffen: 07. September 2023

Singapore Airlines (2023). *Singapore Airlines Sustainability Report FY 2013/14.* https://www.singaporeair.com/saar5/pdf/Investor-Relations/Annual-Report/sustainabilityreport1314.pdf, Zugegriffen: 18. September 2023

Zappos (2023), *At Zappos.com, our purpose is simple: to live and deliver WOW.* https://www.zappos.com/c/about, *Zugegriffen: 22. Juni 2023*

Die Transformation zur kundenverbundenen Organisation gestalten

3

Begeisternde Kundenerlebnisse entstehen von innen nach außen – vom Mitarbeiter zum Kunden. Wie kundenverbunden eine Marke ist, steht und fällt mit der internen Operationalisierung. Basierend auf dem strategischen Fundament müssen im Unternehmen daher viele Faktoren perfekt zusammenspielen: Der Kunde bekommt das richtige Produkt mit dem richtigen Prozess über den richtigen Kanal zur richtigen Zeit. Essenziell dafür ist es ferner, die richtigen Personen mit der richtigen Einstellung zu haben. Die Menschen sind es, die nicht nur Angebote und Abläufe für Kunden gestalten, sondern deren Verhalten für Kunden direkt oder indirekt erlebbar wird. Im folgenden Kapitel beschäftigen wir uns genauer mit den Bestandteilen, die eine kundenverbundene Organisation ausmachen. Dabei geht es auch um die Frage, wie Verantwortliche den Veränderungsprozess aktiv steuern können, welche Tools dabei zum Einsatz kommen und welche internen Stakeholder wie mitgenommen werden können.

> „Nur der Kunde kann die Perspektivendifferenz wieder bündeln. Nur er kann es schaffen, dass alle an einem Strang ziehen." Sprenger (2012).

„Kunde" ist keine Abteilung im Unternehmen, sondern ist Teil von allen Funktionen – sowohl den „kundennahen" Funktionen (z. B. Vertrieb) als auch den „kundenfernen" Funktionen (z. B. Einkauf). Jedoch ist der Kunde in verschiedenen Funktionsbereichen nicht nur unterschiedlich präsent, er bekommt auch unterschiedliche Bezeichnungen. Im Marketing ist er vielleicht eine Persona. Der Vertrieb spricht vom Lead. Im Service & Support ist er möglicherweise nur ein Ticket und im Controlling womöglich sogar ein Kostentreiber. All diese Bezeichnungen mögen aus Organisationssicht richtig und hilfreich sein, doch sollten wir nicht vergessen, dass der Kunde in erster Linie ein Mensch ist. Entscheidend für dieses Verständnis ist unsere Einstellung dem Kunden gegenüber – also die Bereitschaft, stets das Individuum zu sehen. Diese Bereitschaft erfordert Empathie, die Fähigkeit zuzuhören und manchmal auch den Willen, die berühmte Extrameile zu gehen.

Mag das dem einen oder anderen Individuum leichtfallen – so ist die Herausforderung auf Organisationsebene eine andere: Wie stellen wir über alle Bereiche und alle Hierarchien hinweg ein tiefes Kundenverständnis sowie gelebte Kundenzentrierung sicher? Oder anders gesagt: Wie bauen wir eine kundenverbundene Kultur auf?

3.1 Die vier Dimensionen des Kundenerlebnisses

Das Kundenerlebnis ist die Summe aller Erfahrungen, die Kunden mit Ihrer Marke haben. Für viele Mitarbeiter, gerade in größeren Konzernen, mag der Einfluss, den sie darauf haben, sehr gering bzw. als gar nicht vorhanden erscheinen. Jedoch sind die Arten, über die wir eine Marke wahrnehmen und die das Erlebnis unserer Kunden beeinflussen sehr vielseitig. Insgesamt gibt es vier zentrale Einflussgrößen: das Produkt (Product), Prozesse (Process), Umfeld (Place) und die Menschen, mit denen wir als Kunden zu tun haben (People) (vgl. Dixon 2022). Alle diese Bereiche sind wichtig und durch die Mitarbeiter eines Unternehmens direkt beeinflussbar (vgl. Abb. 3.1).

Im Folgenden betrachten wir diese vier Dimensionen des Kundenerlebnisses näher anhand eines Beispiels.

Product – Das Angebot Ihrer Marke
Das Produkt oder die „Was-Ebene" erfüllt das originäre Kundenbedürfnis – das wonach der Kunde zunächst sucht, also beispielsweise ein neues Auto. Hier geht es aus Kundensicht um objektive Leistungskriterien wie Kraftstoffverbrauch, Motorleistung, Kofferraumvolumen etc., aber auch um „weichere" Faktoren wie ein ansprechendes Design oder das Image, das mit einer Marke einhergeht. Auf all diesen Ebenen können

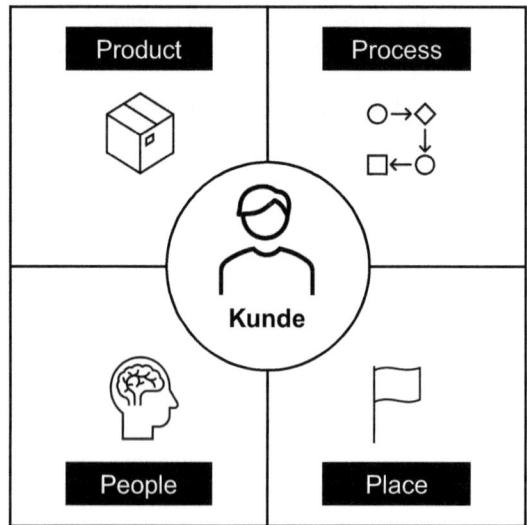

Abb. 3.1 Dimensionen des Kundenerlebnisses. (Quelle: Eigene Darstellung)

Ingenieure, Marketer, Designer und viele andere Beteiligte Produkte entwickeln, welche die Kundenbedürfnisse erfüllen oder sogar übertreffen und für Differenzierung im Markt sorgen. Auch ein Produkt selbst kann Begeisterung beim Kunden auslösen, in den wenigsten Fällen jedoch in Form eines personalisierten Erlebnisses.

Process – Der Weg, den Kunden im Kaufprozess durchlaufen
Die „Wie-Ebene", also die Art und Weise, wie Kunden mit einer Marke interagieren, hat einen entscheidenden Einfluss auf die Wahrnehmung einer Marke. Im oben genannten Fall der Automarke geht es hier beispielsweise um die Frage nach der typischen Sales- oder Service-Journey eines Kunden. Die Bedürfnisse der Kunden an den unterschiedlichen Kontaktpunkten spielen hier eine wichtige Rolle: Welche Informationen müssen auf der Webseite im Rahmen der Erstinformation enthalten sein? Welche typischen Fragen stellt ein Kunde bei der Fahrzeugübergabe? Wo gewinnen und nutzen wir welche Daten? Im Ergebnis werden Abläufe genau analysiert, optimiert und anschließend in kundenorientierten Standardprozessen festgehalten. (vgl. Abschn. 4.3) Das ist sehr sinnvoll, da dadurch ein Gros aller Interaktionen konsistent und effizient bearbeitet werden kann. Denken wir an die Reifenwechsel-Saison jedes Frühjahr und jeden Herbst, in der viele Kunden ihr Fahrzeug in die Werkstatt bringen. Diese Besuche laufen alle nach einem ähnlichen Schema ab: von der Erfassung des Kunden bis zur Bearbeitung, Qualitätskontrolle, über die Benachrichtigung zur Fahrzeugabholung bis zur automatisch versandten Feedback-SMS an den Kunden. Gerade in großen Organisationen oder bei einer Vielzahl an Einzelkunden pro Tag hilft ein klar definierter Prozess, der Mitarbeitern und Kunden Orientierung gibt und einen reibungslosen Ablauf sichert.

Place – Das Umfeld, in dem das Kundenerlebnis stattfindet
Interaktionen mit Kunden finden in der Regel in unterschiedlichen Umfeldern statt: über den Chat-Support auf der eigenen Webseite, am Telefon oder am Point of Sale. Kundenerlebnisse benötigen eine Bühne, auf der sie stattfinden können. Es geht um die Frage, wie unterschiedliche Kontaktpunkte ausgestaltet werden, sodass sie funktionale und markenbasierte Anforderungen erfüllen. Im Beispiel des Automobilkaufs muss ein Autohaus beispielsweise ansprechend und eindeutig als Marke gekennzeichnet sein und das direkte Umfeld bzw. die Umgebung dem Anspruch der Marke gerecht werden. Ferner müssen eine Vielzahl funktionaler Parameter wie Laufwege, Aufenthalts- und Interaktionsflächen etc. bereits bei der Planung bedacht werden. Sind z. B. nicht genug freie Parkplätze vor der Tür vorhanden oder ist der Wartebereich unordentlich, beeinflusst dies das Kundenerlebnis oft maßgeblich in negativer Form.

People – Die Menschen, die hinter einer Marke stehen
Nicht bei allen Interaktionen mit einer Marke gibt es eine Interaktion mit realen Menschen – denken wir an die Bestellung eines Zubehörs für das eigene Auto im Internet oder die Online-Terminbuchung für den Servicetermin im Autohaus. Tatsächlich nimmt der Anteil menschlicher Interaktionen durch vermehrte digitale Lösungen im Alltag

insgesamt ab. Kunden sind dadurch heute mehr und mehr vertraut mit Self-Service-Angeboten, da diese im Idealfall zu einer schnelleren Bearbeitung führen, z. B. im Falle der Online-Terminbuchung, in dem für Kunden die Wartezeit entfällt und die Terminfindung direkt und einfach online gemacht werden kann. In anderen Fällen – beispielsweise, wenn Kunden ein individuelles Problem haben – ist die menschliche Interaktion nach wie vor enorm wichtig. Aus Kundensicht entsteht leider bei vielen Marken der Eindruck, sie wollen möglichst wenig direkt mit ihren Kunden interagieren. Dies kann sich auf unterschiedliche Weise für Kunden äußern:

- Die direkte Kontaktmöglichkeit wird gar nicht angeboten.
- Die direkte Kontaktmöglichkeit wird angeboten auf einer nachgelagerten oder schwer zu findenden Ebene, z. B. versteckt im Impressum einer Webseite.
- Die direkte Kontaktmöglichkeit ist alles andere als angenehm für Kunden, z. B. durch lange Wartezeiten und komplizierte Menüs in den Hotlines (Hierbei handelt es sich zwar um einen menschlichen Kontakt, der jedoch in den meisten Fällen hauptsächlich einen möglichst zeit- und kostensparenden Prozess aus Unternehmenssicht anstrebt. Videobeispiele, wie sich solche Erlebnisse aus Kundensicht oftmals anfühlen, können Sie unter www.kundenverbunden.de anschauen.

Aus Unternehmenssicht mag dieser Ansatz effizient sein und für Skalierbarkeit sorgen, aus Kundensicht sind solche Maßnahmen leider sehr oft der Auslöser für Frustration (Porath 2023). Wenn unsere Kunden es dann einmal mit einem echten Menschen zu tun haben, ist das umso besonderer und weckt auch andere Erwartungen. Der größte Einflussfaktor auf die Emotionen, die ein Kunde gegenüber einer Marke hat, entsteht durch die Menschen, die die Marke repräsentieren (vgl. Dixon 2022). Gleichzeitig erlebt fast der Hälfte der befragten Kunden in einer Studie einen deutlichen Mangel an Einfühlungsvermögen in der Art und Weise, wie sie persönliche Interaktionen erleben. (vgl. Bates und Petouhoff 2022). 59 % der befragten Kunden einer Studie ziehen ein empathisches Kundenerlebnis einer schnellen Lösung vor und 83 % möchten, dass Kundendienstmitarbeiter ihnen zuhören und ihre Bedürfnisse verstehen (Genesys 2023). Die Menschen machen den Unterschied. Eine Studie der Unternehmensberatung Deloitte fand heraus, dass emotionale Aspekte wie das Gefühl, dass sich um sie als Kunden gekümmert wird, einen deutlich höheren Einfluss auf die Kundenzufriedenheit und langfristige Kundenbindung haben als beispielsweise Rabatte oder Sonderangebote (vgl. Deloitte 2023 sowie Abb. 3.2). Wie könnte ein Beispiel dazu aussehen? Stellen Sie sich vor, Sie haben einen Unfall mit dem Werkstattersatzwagen. Sie rufen im Autohaus an und die allererste Frage dreht sich um Sie selbst: „Geht es Ihnen gut?" Der Fakt, dass man sie nicht nur als zahlender Kunde sieht, sondern dass man sich um Sie sorgt und kümmert, bleibt für die meisten von uns positiv im Gedächtnis – mehr als der letzte Gutschein. Diese Tatsache stellt für viele Marken ein noch ungenutztes, jedoch aus Kundensicht hochrelevantes Potenzial dar.

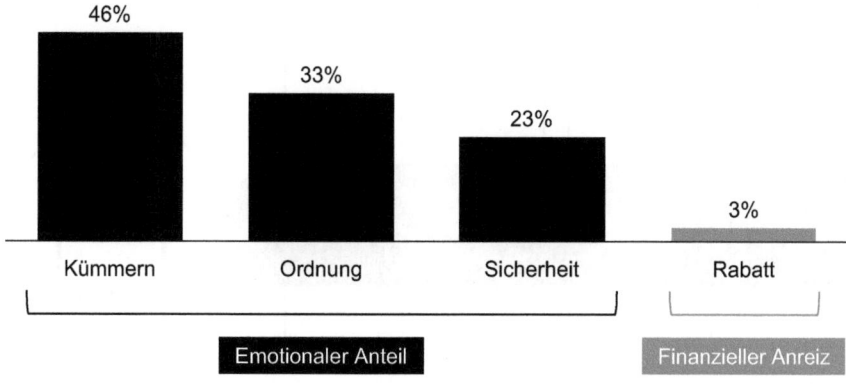

Abb. 3.2 Besonders prägende Faktoren für das Kundenerlebnis. (Quelle: Eigene Darstellung, in Anlehnung an Deloitte 2023)

▶ **Perspektivwechsel** Welche der genannten vier Erlebnisdimensionen sind die dominierenden bei Ihnen im Unternehmen? Mal angenommen, die Dimension „People" wäre am wichtigsten – sowohl intern in Bezug auf die Zusammenarbeit mit Kollegen und die Art der Führung, als auch dem Kunden gegenüber. Welche Konsequenzen würden sich daraus ergeben?

3.2 Wo im Organigramm ist der Kunde?

So eindeutig die oben beschriebenen Dimensionen des Kundenerlebnisses sein mögen, so diffus werden sie in der Regel im Unternehmen abgebildet. Der organisatorische Aufbau ist in der Regel vertikal und nach Funktionen ausgerichtet, d. h. dass Aufgaben wie Marketing, Einkauf, Produktion, Vertrieb etc. in Einheiten gebündelt werden. Dadurch entstehen klare Kompetenz- und Aufgabenbereiche. Der Nachteil ist jedoch ein starkes Spezialistentum und oft unzureichender Austausch zwischen den Bereichen. Je nach Organisationsgröße können vertikale Einheiten auch zu den oft zitierten Silos führen. Die gesamte Ausrichtung erfolgt vertikal innerhalb eines Bereichs – beispielsweise berichtet ein Mitarbeiter im Marketing an den Teamleiter im Marketing, der wiederum an den Abteilungsleiter Marketing berichtet, usw. Mit anderen Bereichen hat man so oft wenig zu tun. Dem Kunden ist diese Abteilungsdenke jedoch nicht nur ziemlich egal, sie steht dem Kundenerlebnis faktisch sogar meist im Weg. Die folgenden Beispiele zeigen, wie übermäßiges Silodenken das Kundenerlebnis verschlechtern:

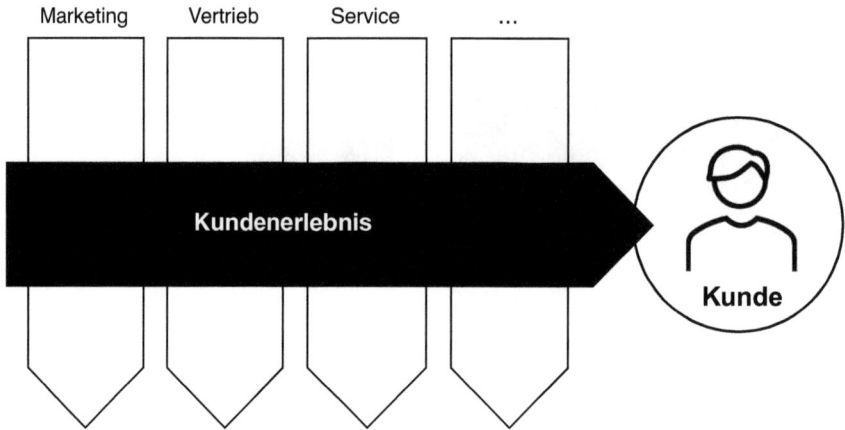

Abb. 3.3 Kundenzentrierte, funktionsübergreifende Organisation. (Quelle: Eigene Darstellung)

- Das Vertriebsteam, das über ein Qualitätsproblem hinwegsieht, um die Absatzziele zu erreichen
- Das Call-Center, das die Kontaktaufnahme bewusst schwierig macht, um die Anzahl der offenen Fälle gering zu halten
- Die Rechtsabteilung, die möglichst viele Garantieansprüche ablehnt, um finanzielle Ziele zu erreichen

Wenn jeder Bereich ausschließlich auf eigene abteilungsbezogene Ergebnisse schaut, steht zwar jede Abteilung für sich gut da, aber das Kundenerlebnis wird schlechter. Kurzfristigen Gewinnen stehen hier langfristige und tiefgreifende Verluste von Kunden gegenüber, da diese sich zukünftig beim Wettbewerb nach einer Alternative umsehen werden. Unklare Zuständigkeiten und Bereichshoheiten stehen gelebter Kundenzentrierung oft im Weg. Begeisternde Kundenerlebnisse schließen horizontal alle Funktionsbereiche mit ein (vgl. Abb. 3.3).

Die heute in der Regel vertikalen Funktionsbereiche müssen also im Rahmen einer CX-Initiative am Kundenerlebnis ausgerichtet werden. Der Kunde wird damit zum horizontalen Bindeglied. Er wird also zum Brückenbauer innerhalb Ihrer Organisation. Eine Hauptaufgabe beim Kundenfokus ist es daher auch stets den internen Dialog zwischen den Abteilungen zu moderieren.

3.3 Was eine kundenverbundene Unternehmenskultur auszeichnet

Herausragende Kundenerlebnisse entstehen von innen heraus. Die CX-Champions aller Branchen zeichnen sich ganz besonders durch eine kundenzentrierte Kultur aus. Sie schaffen es, Mitarbeiter der gesamten Organisation zu befähigen und immer wieder neu zu inspirieren und so Kunden (interne und externe) zu begeistern. Laut Glassdoor finden 56 % der Mitarbeiter, dass eine gute Unternehmenskultur bei der Stellensuche wichtiger ist als das Gehalt (Glassdoor 2023). Unternehmen haben jedoch meist bereits eine Kultur, die etabliert ist. Eine bestehende Kultur zu verändern, ist schwieriger, als diese neu aufzubauen, daher tun sich beispielsweise Start-ups, junge Unternehmen oder reine Dienstleistungsunternehmen in der Regel leichter den Kunden als natürlichen Teil ihrer Unternehmenskultur zu etablieren. Bei Firmen, deren Reputation v. a. auf herausragende, technologisch überlegene Produkte baut, ist das leider nicht so einfach. Veränderung benötigt hier mehr Zeit und Fingerspitzengefühl in der Umsetzung.

Was ist Unternehmenskultur?
Unternehmenskultur umschreibt man im Englischen gerne als: „how we do things around here." Der Begriff beschreibt ein Zusammenspiel gemeinsamer Werte, Normen und Artefakte, die bestimmen, wie die Mitglieder einer Organisation Entscheidungen treffen und zusammenarbeiten. In Anlehnung an das Eisberg-Modell von Edward T. Hall können wir Unternehmenskultur anhand sichtbarer und unsichtbarer Elemente beschreiben. (vgl. Hall 1976). Die sichtbaren Elemente der Unternehmenskultur sind beispielsweise die Vision, das Leitbild, die Strategie oder die Außendarstellung. Daneben gibt es die verborgenen Elemente, die den größeren und auch wichtigeren Teil ausmachen, z. B. individuelle Bedürfnisse, Gefühle, Beziehungen, Normen etc. (vgl. Abb. 3.4).

Vor allem die nicht direkt sichtbaren Elemente, unterhalb der Oberfläche spielen für die Kultur eine entscheidende Rolle. Denn Unternehmenskultur wird überall sichtbar, beispielsweise dadurch

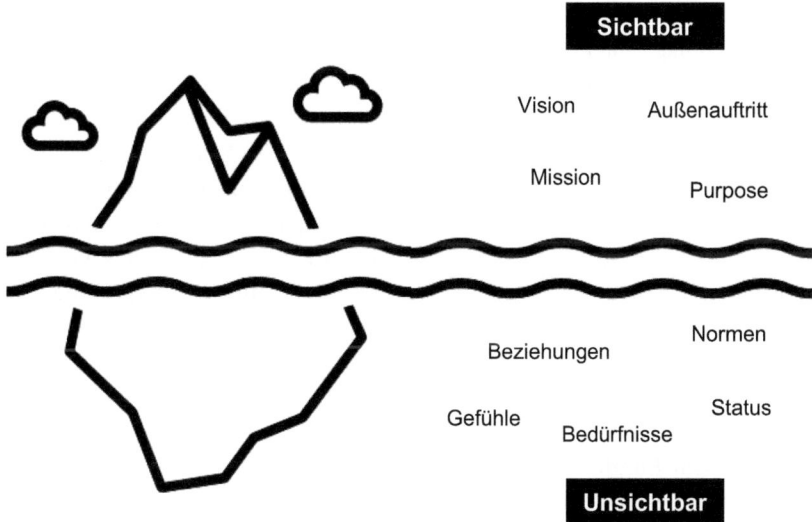

Abb. 3.4 Unternehmenskultur anhand des Eisbergmodells. (Quelle: Eigene Darstellung in Anlehnung an Hall 1976)

- wie gut untereinander kommuniziert wird,
- wie mit Konflikten umgegangen wird,
- wie und wie oft man Feedback gibt oder
- wie stark sich Mitarbeiter mit dem Unternehmen identifizieren.

Aber auch Kunden spüren und erleben die Kultur eines Unternehmens, mit dem sie interagieren, beispielsweise dadurch,

- wie Mitarbeiter eines Unternehmens miteinander umgehen,
- wie der allgemeine Ton und die Stimmung unter den Mitarbeitern ist,
- wie Mitarbeiter außerhalb der Arbeit über ihren Job sprechen oder
- wie konsistent ihre Erlebnisse als Kunden mit der Marke sind.

Eine gut funktionierende Unternehmenskultur kann für den Erfolg einer CX-Initiative wichtiger sein als eine ausgefeilte Strategie – Denken wir an das berühmte Zitat von Management-Guru Peter Drucker: „Culture eats Strategy for Breakfast". Daher ist es umso wichtiger, vor allem auch die Elemente unterhalb der Oberfläche des Eisbergs zu beachten und zu adressieren, beispielsweise

- durch Einzelgespräche mit Mitarbeitern und Kollegen, um die tieferliegenden Bedürfnisse oder Sorgen herauszufinden und zu adressieren,
- durch Rituale und Traditionen wie der gemeinsame Feierabenddrink mit den Kollegen, um die Beziehungen untereinander zu pflegen oder
- durch Vorleben konkreter Verhaltensweisen, welche die Unternehmenskultur ausmachen sollen (z. B. proaktive Hilfe anbieten, wenn ein Kollege gerade überlastet ist)

Kultur lässt sich nicht direkt oder gar schnell verändern. Ein paar Werte aufzuschreiben und diese im Sozialraum für die Mitarbeiter aufzuhängen, wird diese Aufgabe ganz gewiss nicht erfüllen, sondern wahrscheinlich sogar das Gegenteil bewirken, nämlich im besten Fall für Verwirrung sorgen und im schlimmsten Fall Unmut erzeugen. Durchaus gibt es aber Mittel und Möglichkeiten, die Kultur zu beeinflussen. Führungskräfte geben Strukturen, Systeme und Prozesse vor, die sie so anpassen oder beeinflussen können, dass sie die gewünschte Kultur fördern. Beispielsweise kann eine Führungskraft den Entscheidungsprozess beschleunigen und so positives Momentum generieren. Sie kann und muss ferner mit gutem Beispiel vorangehen und die Kultur vorleben, z. B. in dem sie selbst Fehler zugibt und offen darüber spricht und so Vertrauen und Inspiration für die Mitarbeiter schafft.

Wodurch sich eine kundenverbundene Kultur ausdrückt
Die wesentlichen Bestandteile und Vorteile einer kundenverbundenen Kultur können wir wie folgt zusammenfassen:

- engagierte und befähigte Mitarbeiter stellen die absolute Mehrheit im Unternehmen dar,
- es herrscht eine Arbeitsatmosphäre, die offen und authentisch ist und von allen im Team geschätzt wird,
- es gibt einen gemeinsamen, stets präsenten und konsistent gelebten Anspruch, Kundenbedürfnisse möglichst gut zu lösen – sowohl für den Endkunden, aber auch für den internen Kunden.

Auch interne Kunden sind wichtig
Jeder im Unternehmen ist von anderen Kollegen abhängig und bezieht und/oder liefert gewisse Leistungen. Jeder ist also in gewissem Sinne Kunde. Jeder erfüllt gewisse Aufgaben oder Dienstleistungen, die für die Erfüllung der Gesamtaufgabe im Unternehmen wichtig sind. Ein gutes Maß für die Einschätzung der internen Kundenorientierung kann folgende Frage sein: „Würde ich als Vertreter des Unternehmens meinen externen Kunden genauso behandeln, wie ich meinen Kollegen bzw. internen Kunden behandle?" Wenn die Antwort durch die Bank ein „Ja" ist, kann man davon ausgehen, dass der interne Kundengedanke bereits in vollem Umfang gelebt wird. Betrachten wir zwei Beispiele, um den Gedanken zu verdeutlichen.

Beispiel 1: Der Kollege als interner Kunde
Die Kooperation und Qualität der Beziehungen von Kollegen untereinander, auch aus verschiedenen Abteilungen, führen nicht nur zu einer guten Zusammenarbeit, sondern zu gegenseitigem Respekt und Freundlichkeit und stärken das Betriebsklima insgesamt. Wie könnte so etwas aussehen?

- Der IT-Mitarbeiter, der innerhalb kurzer Zeit ein Problem für die Kollegin aus dem Vertrieb löst.
- Der HR-Kollege, der potenziell geeignete Bewerber für die Fachabteilung entsprechend der Anforderungen und Bedürfnisse vorsortiert und so Zeit spart.
- Der Mitarbeiter aus dem Lager, der einen knappen Bestand proaktiv an den Vertrieb weitergibt, damit dieser seine Kunden entsprechend beraten kann.

Beispiel 2: Der Chef als interner Kunde
Mitarbeiter sollten nicht nur Kollegen, sondern auch ihren Vorgesetzten als internen Kunden betrachten, beispielsweise die Büroassistenz, welche die Termine für ihren Chef koordiniert. Auch andersherum sollten Führungskräfte ihre Mitarbeiter als ihre Kunden betrachten, die beispielsweise Unterstützung und Anerkennung von ihrer Führungskraft erwarten. Der Chef sollte also auch die Büroassistenz wie einen Kunden von ihm behandeln – z. B. dadurch, ihr alle nötigen Informationen zu geben, proaktiv zu kommunizieren, schnell auf Anfragen reagieren etc. Denn so kann die Assistenz ihren Job möglichst gut machen. Die Vorbildrolle, die Führungskräfte auf ihre Mitarbeiter haben, ist

dabei nicht zu unterschätzen – sie hat einen direkten Einfluss auf das Serviceverhalten der Mitarbeiter.

Employee Experience als Treiber von Customer Experience
Richard Branson hat es mit dem folgenden Satz auf den Punkt gebracht:

„Take care of your employees and they will take care of your customers."

Nicht nur in Zeiten von Fachkräftemangel kommt immer wieder auch das Stichwort Employee Experience auf. Sie ist die Summe aller Erfahrungen, die ein Mitarbeiter mit seinem Unternehmen sammelt. Für Unternehmen geht es im Umkehrschluss darum, die eigenen Mitarbeiter und deren Bedürfnisse ins Zentrum zu stellen und positiv zu gestalten. Das Konzept führt dazu, dass Mitarbeiter sich gut aufgehoben fühlen, Motivation im Job verspüren, eine positive Arbeitsatmosphäre herrscht und allgemein die Leistungsfähigkeit im Unternehmen gesteigert wird. Eine positive Employee Experience führt zu einer guten Customer Experience. Die beiden Konzepte sind also kein Widerspruch zueinander, sondern verstärken sich gegenseitig. Das zeigt die Untersuchung von Gallup/Ritz-Carlton in Abb. 3.5 (vgl. Michelli 2008).

Engagierte Mitarbeiter beeinflussen Kundenloyalität maßgeblich positiv. Steigt das Engagement der Mitarbeiter, so steigt auch die Kundenbindung. Gallup hat in einer anderen Studie herausgefunden, dass Unternehmen mit engagierten Mitarbeitern im Durchschnitt eine 10 % höhere Kundenbindung haben und die Unternehmen zu 23 % profitabler sind (vgl. Gallup 2020).

Dafür erforderlich ist eine kundenverbundene Kultur. Die Handlungsfelder, um diese aufzubauen und zu fördern, sind der Schwerpunkt des folgenden Kapitels.

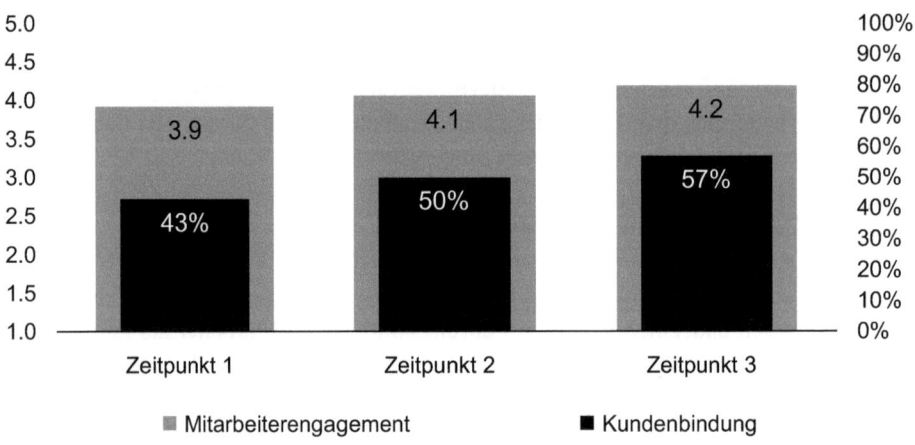

Abb. 3.5 Zusammenhang zwischen Mitarbeiter- und Kundenengagement. (Quelle: Eigene Darstellung in Anlehnung an Michelli 2008)

3.4 Kundenverbunden werden bedeutet Veränderung

Unternehmen müssen mit zunehmender Komplexität und Dynamik umgehen. Veränderungen werden immer häufiger erforderlich. Doch in der Realität sind nur die wenigsten Veränderungsprozesse tatsächlich erfolgreich. Daher sollten Sie sich bei der Einführung Ihrer CX-Initiative an den Erfolgsfaktoren des Change Managements orientieren. Es gibt unterschiedliche Modelle dafür. Im Folgenden wollen wir das Modell von Kotter (vgl. Kotter 2012) als Beispiel für einen erfolgreichen Change-Prozess betrachten, vgl. Abb. 3.6.

Damit die geplante Veränderung ein Erfolg wird, muss die Organisation alle acht Stufen des Modells durchlaufen. Im Folgenden betrachten wir die einzelnen Stufen mit einem spezifischen Beispiel im Detail.

Stufe 1: Erzeugen eines Dringlichkeitsgefühls („Create a sense of urgency")
In der ersten Stufe geht es darum, Mitarbeitern und Führungskräften die Notwendigkeit der Veränderung aufzuzeigen. Warum ist es so wichtig, den Kundenfokus zukünftig zu stärken? Wie erleben uns Kunden heute im Markt? Wie schneidet der Wettbewerb ab? Die Grundlage hierfür liefert die Bestandsaufnahme (siehe Abschn. 2.1). Es sollte auch verdeutlicht werden, was zukünftig passieren kann, wenn der Wandel missachtet wird. Dringlichkeit muss dabei nicht Ausdruck eines akuten Problems sein. Die meisten Customer Experience Programme werden aus einer Position der Stärke heraus gestartet, nach dem Tenor „Wir sind bereits gut im Kundenerlebnis, aber wir wollen zukünftig noch besser werden, um unsere Marktposition auch in Zukunft abzusichern". Wird die Initiative aus einer akuten Krisensituation heraus gestartet, kann das Unsicherheit und Angst schüren, was sich am Ende im schlimmsten Fall beim Kunden bemerkbar macht.

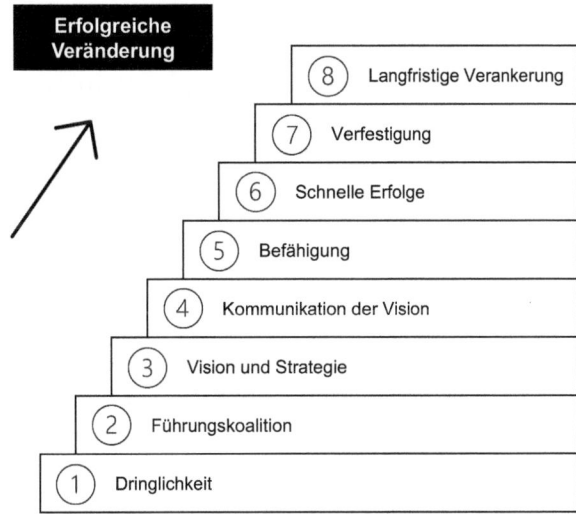

Abb. 3.6 Das 8-Stufen Change-Modell von Kotter. (Quelle: Kotter 2012)

Beispiel
Ein deutsches Maschinenbau-Unternehmen ist ein sogenannter Hidden Champion und Technologieführer in seiner Nische. Aus einer typischen „Ingenieursdenke" heraus stand das Produkt und die technologische Kompetenz historisch schon immer im Fokus. Alles, was um das Produkt herum passiert, beispielsweise das Serviceerlebnis, wurde stets nachrangig gesehen. Im Zuge einer Analyse von Kunden wird klar, dass das Kundenerlebnis zum Teil sehr inkonsistent wahrgenommen wird und nicht dem Premium-Anspruch der Marke gerecht wird. Mit Blick auf potenziell neue Wettbewerber aus Asien möchte das Unternehmen den Kundenfokus stärken. Um ein Gefühl der Dringlichkeit zu erzeugen, beruft die Geschäftsführung die Belegschaft zu einem Town-Hall-Meeting ein und teilt die Ergebnisse aus der Analyse. Sie zeigt potenzielle Risiken für die Zukunft auf (z. B. durch neue Wettbewerber und den geringer werdenden technologischen Vorsprung). Das Management betont die Wichtigkeit des Kundenerlebnisses, erklärt den heutigen Status und wie es künftig noch verbessert werden soll. Das geschieht nicht mit „erhobenem Zeigefinger", sondern mit Inspiration und einem Appell, der den Stolz und die Identifikation der Mitarbeiter anspricht. Change wird so als Chance gesehen.

Stufe 2: Aufbauen einer Führungskoalition („Build a guiding coalition")
Erfolgreiche Veränderungsprozesse sind umfassend, komplex und erfordern einen langen Atem. Daher ist es zu Beginn des Change Prozesses erforderlich, ein Team zusammenzustellen, das durch den gesamten Prozess führt. Das Team sollte sich idealerweise aus unterschiedlichen Abteilungen zusammensetzen und ausreichend Reputation, Führungskompetenz und Expertise verfügen. Ferner ist eine hohe intrinsische Motivation erforderlich. (siehe Abschn. 2.3).

Beispiel
Die Geschäftsführung des oben genannten Maschinenbauers stellt ein 3-köpfiges Kernteam zusammen, das aus zwei erfahrenen Vertriebs- und HR-Mitarbeitern und einer Assistenz besteht. Ferner übernimmt ein Geschäftsführer die Rolle des Executive-Sponsors als zentraler Vertreter der Initiative auf Top-Management-Ebene. Dieses Kernteam beinhaltet ferner einen spezialisierten, externen Partner, der den nötigen Blick von außen sicherstellen soll, sowie die spezifische Kompetenz und Erfahrung aus vergleichbaren Veränderungsprozessen verfügt.

Stufe 3: Entwickeln einer Vision und Strategie („Develop a vision and strategy")
Das Kernteam erarbeitet im darauffolgenden Schritt die gemeinsame Veränderungsvision. Diese macht das Vorhaben klarer und gibt Richtung und Prioritäten für die folgenden Maßnahmen und Meilensteine im Change Prozess vor. Laut Kotter muss die Vision vorstellbar, realistisch, ausreichend spezifisch, aber auch flexibel und breit genug sein, sodass sich möglichst viele Stakeholder darin wiederfinden können.

Beispiel
Damit bei allen Führungskräften und Mitarbeitern unseres Maschinenbau-Unternehmens ein gemeinsames Bild der angestrebten Veränderung entsteht, entwickelt das Kernteam eine eindeutige Vision: „Wir sind für das Kundenerlebnis und den Service, den wir unseren Kunden bieten, genauso bekannt wie für unsere weltweit führenden Produkte". Ein Meilenstein auf dem Weg zu dieser Vision ist es, dass die Wahrnehmung des Kundenerlebnisses in die regelmäßige Marktforschungsroutine aufgenommen wird und intern ein Fahrplan erarbeitet wird, um den Kundenfokus auf das nächste Level heben zu können.

Stufe 4: Kommunizieren der Veränderungsvision („Communicate the change vision")
Im nächsten Schritt wird die Veränderungsvision in der Organisation vermittelt. Laut Kotter soll sie möglichst einfach, bildhaft, über verschiedene Kanäle und in wiederholter Form an die Mitarbeiter kommuniziert werden. Ziel ist es, dass die Vision auf breiter Basis nicht nur verstanden, sondern vor allem auch akzeptiert wird.

Beispiel
Das Kernteam bei unserem Maschinenbau-Unternehmen möchte die Vision konsequent bei allen Mitarbeitern kommunizieren und entwickelt einen Maßnahmenplan, der alle verfügbaren Kanäle berücksichtigt. In einem Kick-off wird die Vision vorgestellt, mögliche Fragen beantwortet, sowie erste Ideen zur Umsetzung seitens der Mitarbeiter gesammelt. Alle Informationen werden zentral verfügbar im Intranet abgelegt. Die Führungskräfte aller Unternehmensbereiche werden individuell abgeholt und können im Anschluss die Vision und die Kommunikation in ihre funktionsspezifischen Kommunikationsroutinen integrieren (z. B. wöchentliches Team-Meeting, schwarzes Brett etc.)

Stufe 5: Befähigen der Mitarbeitenden auf breiter Basis („Empower broad-based action")
In der fünften Stufe müssen Hindernisse beseitigt werden, die eine Umsetzung auf breiter Basis erschweren. Dazu gehören z. B. eingefahrene, wenig kundenorientierte Prozesse, fehlende Kenntnisse oder skeptische Führungskräfte. Die Initialzündung dafür sind Workshops mit den Führungskräften zur Identifikation von Barrieren und Handlungsbedarfen: Wo tragen wir in unserem Bereich heute schon zur angestrebten Vision bei? Wo ist das noch nicht der Fall? Was können wir zusätzlich tun? Welche Prozesse oder Schnittstellen müssen verbessert werden? Was wird wann umgesetzt?

Beispiel
Durch Workshops mit den Führungskräften konnten schnell entscheidende Hebel für die Veränderung festgemacht werden. Prioritäten wurden neu sortiert, zukünftige Arbeitsabläufe wurden optimiert und den Mitarbeitern vermittelt. Ferner konnten die Mitarbeiter in funktionsübergreifenden Trainings erfahren, welche Verhaltensprinzipien der künftige Standard sind und wie sie sich in konkreten Situationen mit Kunden (internen oder externen) verhalten sollen.

Stufe 6: Schaffen schneller Erfolge („Generate short-term wins")

Erste schnelle Fortschritte und Erfolge helfen dabei, die neu eingeschlagene Richtung zu bestätigen. Da Veränderungsprozesse lange dauern und zwischendurch Zweifel entstehen können, ist es erforderlich, den Fokus auf kurzfristige, positive Entwicklungen zu legen und diese mit anderen zu teilen. Dieses Feedback wirkt motivierend und trägt dazu bei, den Veränderungswillen und die Motivation aufrecht zu erhalten. Außerdem ist es eine Chance für Führungskräfte, individuelle Anerkennung auszusprechen und so noch mehr die Mitarbeitermoral zu stärken.

Beispiel
Um zu zeigen, wie offen und kreativ Mitarbeiter mit der Veränderung umgehen, werden unmittelbar nach allen Workshops die Ergebnisse und Ideen der Mitarbeiter für alle im Unternehmen geteilt. Im Falle des Maschinenbauers können das beispielsweise die aus Mitarbeitersicht identifizierten Maßnahmen sein, wie sie konkret in Zukunft noch mehr zum Kundenerlebnis beitragen können. Durch die Fülle und Qualität der Vorschläge spricht die Geschäftsführung ein großes Lob an alle Beteiligten aus. Die Mitarbeiter fühlen sich gehört und es gibt einen produktiven Austausch, der den Beteiligten Spaß macht.

Stufe 7: Konsolidieren der erzielten Erfolge und Einleiten weiterer Veränderungen („Consolidate gains and produce more change")

In der siebten Stufe werden die bereits erzielten Erfolge gefestigt, auch um neue, darauf aufbauende Maßnahmen realisieren zu können. Es wird oft unterschätzt, wie lange erfolgreiche Veränderungsprojekte dauern, demnach sollte das Ende nicht zu früh eingeleitet werden, um die andauernde Weiterentwicklung nicht auszubremsen. Ein guter Gradmesser dafür ist: Wenn das Kernteam zu irgendeinem Zeitpunkt das Gefühl hat, dass sich Inhalte oder Maßnahmen anfangen zu wiederholen, fängt Veränderung in der Organisation gerade einmal an, wirklich zu wirken. Geben Sie der Veränderung daher ausreichend Zeit.

Beispiel
Nachdem erste Maßnahmen umgesetzt wurden und schnelle Erfolge generiert wurden, setzt sich das Management des Maschinenbauunternehmens ganz bewusst mit den nicht so einfach zu realisierenden Maßnahmen auseinander, diskutiert sie im erweiterten Kreis, gibt dann Schritt für Schritt den Weg dafür frei und stellt die nötigen Ressourcen zur Verfügung. Das können beispielsweise vertiefende Trainings für spezielle Zielgruppen sein, ein zusätzliches Kommunikationsforum oder Austauschformate für die stetige Weiterentwicklung. So wird die Ernsthaftigkeit unterstrichen und die Wirkung der Maßnahmen weiter gesteigert.

Stufe 8: Verankern der neuen Ansätze in der Kultur („Anchor new approaches in the corporate culture")

In der letzten Stufe wird die Veränderung Teil der Unternehmenskultur. Gleichzeitig werden nicht mehr zur Vision passende Bestandteile der Kultur abgelegt. Beispielsweise können neue Rituale geschaffen werden, wie regelmäßig im Team über den Kunden zu sprechen oder Artefakte geschaffen werden, wie z. B. der berühmte leere Stuhl von Amazon. Dieser steht sinnbildlich für den Platz des Kunden, der in jedem wichtigen Meeting durch den freien Stuhl repräsentiert wird: „Was würde unser Kunde wohl dazu sagen?" (vgl. im Rampenlicht „Amazon"). Erfolgreiche Veränderung führt zu einer erfolgreichen Veränderung in der Unternehmenskultur.

Beispiel
Das Management und Kernteam des Maschinenbauers sorgt regelmäßig dafür, dass die erreichten Meilensteine gefeiert werden und vermitteln den Mitarbeitern des Unternehmens das Gefühl, dass sie stolz auf die erreichte Leistung sein können. Die Mitarbeiter fühlen sich dadurch zusätzlich wertgeschätzt und die Identifikation mit der Marke steigt.

Zusammenfassend stellen wir fest, dass sich ein Change-Prozess in mehrere, planbare und chronologische Schritte aufteilen lässt. Damit Veränderung erfolgreich und von allen umgesetzt wird, müssen alle acht Stufen systematisch durchlaufen werden. Für die Umsetzung in die Praxis ist das Modell als Hilfestellung gut geeignet. Um nach dem Durchlaufen der Stufen in ein operatives Betriebsmodell überzuwechseln, gibt es vier Handlungsfelder, die wir im Folgenden näher beleuchten wollen.

Im Rampenlicht: Amazon

Die Mission von Amazon ist nicht weniger als „das kundenorientierteste Unternehmen der Welt zu werden". Dieser Anspruch wird von Amazon täglich gelebt, indem Kundenfokus in jede Aktivität und Entscheidung integriert wird. Gegründet im Jahr 1994, war Amazon eines der ersten Unternehmen, das die Kraft des Internets nutzte. Als Online-Buchhandlung gestartet, ist Amazon heute nach eigenen Angaben Marktführer im Onlinehandel und erzielte 2022 einen Umsatz in Höhe von 514 Mrd. US-Dollar. Wie schafft es Amazon, trotz dieser Größe, konsequent zu den kundenzentriertesten Organisationen der Welt zu gehören? Schauen wir uns im Folgenden ein paar der Geheimnisse an.

Der Kunde sitzt immer mit am Tisch
Jeff Bezos, der Gründer von Amazon, ist wie kein zweiter für das Thema „Customer Obsession" bekannt. Ein Beispiel, wie dieser Anspruch konsequent im Unternehmen gelebt wird, ist der berühmte leere Stuhl. Bei Management-Meetings ließ Bezos einen Stuhl leer und forderte die Führungskräfte dazu auf, sich vorzustellen, dass dieser Stuhl dem wichtigsten Vertreter des Meetings gehörte: dem Kunden. Er ermutigte

seine Mitarbeiter, bei jeder Entscheidung den Kunden im Hinterkopf zu behalten. Bei allen Meetings bleibt ein Stuhl direkt am Tisch reserviert für den Kunden. Diese einfache Maßnahme ist ebenso wirksam, da sie die Präsenz des Kunden steigert, und das ohne zusätzliches Budget oder mehr Zeit.

Das Kundenerlebnis wird in Echtzeit gemessen
Kundenfokus wird bei Amazon nicht nur großgeschrieben, sondern auch gemessen. Es werden dafür mehr als 500 Messgrößen intern in Echtzeit erfasst, davon beziehen sich 80 % direkt auf den Kunden bzw. das Kundenerlebnis. Dadurch weiß Amazon immer ganz genau, wo es aktuell Verbesserungspotenziale gibt, und kann diesbezüglich Maßnahmen einleiten. Ein paar Messgrößen sind beispielsweise die Anzahl der individuellen Empfehlungen für Kunden auf Basis vorheriger Käufe, die laufende Aktualisierung von Bestseller-Listen, das Tracking von Bestellmängeln oder die fortlaufende Auswertung von Unzufriedenheiten mit Rücksendungen. Für all diese Messgrößen gibt es Zielwerte, auf die gemeinsam hingearbeitet wird.

Innovationen werden aus Sicht des Kunden rückwärts umgesetzt
Mit der Amazon Methode entstehen Innovationen immer aus einem Bedürfnis der Kunden heraus – nicht etwa aus einem bestehenden Produkt, das weiter verbessert wird. Am Anfang des Innovationsprozesses steht dabei eine fiktive Pressemitteilung, die den Nutzen einfach und verständlich zusammenfasst und als interne Basis für die Motivation und Umsetzung der Innovation sorgt (Colin B., Bill C. (2021). Während 90 % der Innovationen aus Interaktionen, Anfragen etc. direkt mit dem Kunden entstehen, kommen die restlichen 10 % von Innen bzw. aus Ideen, die nicht direkt vom Kunden geäußert werden. Dennoch leiten sich diese Innovationen immer aus den Bedürfnissen der Kunden ab. Beispielsweise haben Amazon-Kunden nie den Wunsch nach einem sprachgesteuerten Assistenten geäußert (Amazon Echo). Heute ist die Echo Gerätefamilie für viele Kunden ein wertvoller persönlicher Assistent zu Hause, der vielen das Leben einfacher macht. Für Amazon hat sich diese Innovation zu einer der beliebtesten Produkte entwickelt. ◄

3.5 Die Handlungsfelder für eine kundenverbundene Kultur

Organisationen und Kultur sind komplexe Ökosysteme. Es gibt keine Schritt-für-Schritt-Anleitung, diese nach den eigenen Wünschen zu gestalten und verändern. Dennoch lassen sich ein paar Handlungsfelder identifizieren, die wir auf dem Schirm behalten sollten. Ganz grundlegend ist ein gemeinsames Verständnis – eine Haltung oder ein Mindset – welches durch einen ansprechenden Purpose oder durch inspirierende Führungskräfte und Kollegen beeinflusst werden kann. Dieses Mindset fehlt in etwa einem Viertel der Organisationen gänzlich (Quelle: G&P 2022). Die Grundlage für die kundenzentrierte

3.5 Die Handlungsfelder für eine kundenverbundene Kultur

Kultur ist der definierte Kundenkompass (siehe Abschn. 2.6). Es gilt, diesen in den in Abb. 3.7 genannten vier Handlungsfeldern anzuwenden und in konkrete Maßnahmen zu übersetzen.

Handlungsfeld 1: Das Topmanagement steht nicht nur hinter Kundenfokus, sondern geht voran

Die oberste Führung ist der größte Beschleuniger oder der größte Blockierer von Kundenfokus. Kundenverbundene Unternehmen haben das Thema Kunde auf der Agenda stets ganz oben. Durch die Schaffung von regelmäßigen Steuerungskreisen oder die konsequente Verzielung und Bonifizierung von Mitarbeitern hinsichtlich definierter, kundenbezogener Ziele gelingt es Führungskräften dieser Organisationen, Kundenkultur auf allen Leveln aktuell und relevant zu halten, getreu dem Motto *„Wenn es für meinen Chef wichtig ist, ist es auch wichtig für mich."* Gerade im Rahmen der funktionalen Organisation können wir uns dieses bewährte Prinzip zunutze machen. Im Idealfall transportiert der Chef damit nicht nur genau diese Wichtigkeit, sondern schafft es auch, seine Mitarbeiter wie Kunden zu behandeln – denn nur glückliche Mitarbeiter sind auf lange Sicht ein Garant für glückliche Kunden. Im Folgenden sind ein paar Beispiele aufgeführt, wie Sie dieses Handlungsfeld adressieren können:

- Verankern Sie das Thema Kunde im Zukunftsbild des Unternehmens (z. B. Leitbild, Mission, Vision)
- Integrieren Sie Kundenfokus im übergreifenden Zielsystem (z. B. quantitative/qualitative Erfolgsgrößen, Balanced Scorecard, z. B. Kundenwahrnehmung als übergreifendes Management-Ziel)

Abb. 3.7 Handlungsfelder für eine kundenverbundene Kultur. (Quelle: Eigene Darstellung)

Top-Management Integration	Funktionale Organisation
Präsenz	Daily Business

- Machen Sie das Thema Kunde zu einem festen Bestandteil in Management Routinen und Management Meetings (z. B. in Management-Gremien)
- Sprechen Sie regelmäßig über die Wichtigkeit von Customer Experience und machen Sie das Thema zum „Tone from the Top" (z. B. Town-Hall-Meetings, Vorstandssprechstunden), um so explizit die Wichtigkeit des Themas immer wieder hochzuhalten

Handlungsfeld 2: Kundenfokus wird für die funktionale Organisation heruntergebrochen
„Mit Kunden habe ich nichts zu tun, dafür gibt's ja die Kollegen im Vertrieb" – kommt Ihnen dieser Satz bekannt vor? In der Tat sind die meisten Prozesse in einzelnen Abteilungen ausschließlich an internen Zielen und rein funktional ausgerichtet: Der Vertrieb fokussiert sich auf die Generierung von Umsatz, der Einkauf auf die Realisierung von Einsparungen und Human Resources auf die Reduzierung der Fluktuation. Die Zielgröße „Kundenerlebnis" taucht in der Regel selten auf und steht zum Teil sogar im Konflikt zu anderen Zielen – auf kurze Sicht. Auf lange Sicht ist es erwiesen, dass sich Kundenkultur auch im wirtschaftlichen Erfolg widerspiegelt. Für den Kunden ist jede Abteilung im Unternehmen direkt oder indirekt verantwortlich. Da der Einflussfaktor auf den Kunden von vermeintlich „kundenfernen" Abteilungen oftmals unterschätzt wird, muss hier zunächst Aufklärungsarbeit geleistet werden. Beispielsweise haben die im Finanzbereich definierten Zahlungsmodalitäten einen ganz erheblichen Einfluss auf das Kundenerlebnis. Im Folgenden finden Sie Beispiele dafür, wie Sie dieses Handlungsfeld konkret angehen können:

- Bauen Sie Verständnis dafür auf, wo einzelne Personen oder Abteilungen zum Kundenerlebnis beitragen
- Integrieren Sie die Kundenperspektive in alle zentralen Kontaktpunkte zusammen mit den unterschiedlichen Funktionsbereichen und gestalten Sie diese so, dass ein ideales Erlebnis aus Kundensicht realisert werden kann
- Fördern Sie den Aufbau und die Pflege der intern notwendigen (neuen) Schnittstellen, die für herausragende Kundenerlebnisse erforderlich sind
- Leben Sie vor und schaffen Sie auch intern besondere Kundenerlebnisse. Auch Kollegen sind Kunden.
- Bauen Sie Datensilos ab.
- Laden Sie zum Jobsharing ein und ermöglichen Sie es allen Mitarbeitern, direkten Kundenkontakt zu haben, z. B. durch den temporären Einsatz im Kundenservice. In einigen Unternehmen wird dies nicht nur gefördert, sondern sogar erwartet – auch von Führungskräften.
- Helfen Sie, innerhalb einzelner Bereiche spezifische konkrete Anforderungen zu definieren (z. B. Einstellungs- und Bewertungskriterien im Personalbereich).

3.5 Die Handlungsfelder für eine kundenverbundene Kultur

Handlungsfeld 3: Kundenfokus findet im Daily Business statt und ist konkret umsetzbar

Kundenfokus muss im Tagesgeschäft des einzelnen Mitarbeiters ankommen, nur so wird das Thema wirklich tangibel. Mitarbeiter, sowohl mit direktem Kundenkontakt, als auch ohne diesen müssen auf operativer Ebene befähigt werden. Sie müssen „live" in jeder individuellen Interaktionen die richtigen Entscheidungen treffen können, um das jeweilige Kundenbedürfnis zu befriedigen. Oft gelingt dies am besten, wenn die Mitarbeiter dafür nicht nur das notwendige Wissen haben, sondern auch das Vertrauen ihrer Führungskraft und einen klar definierten Handlungsspielraum haben, im jeweiligen Moment und autonom entscheiden zu können, wie sie einem Kunden oder Kollegen am besten helfen können. Das bedeutet nicht, dass jeder Mitarbeiter machen kann, was er will – nach dem Motto „Gehe los und mache Kunden glücklich". Es gilt, klare Standards und Richtlinien als Orientierung zu definieren und Mitarbeiter nicht nur fachlich, sondern auch hinsichtlich ihrer Beziehungskompetenz zu trainieren. Werfen wir daher im Folgenden einen Blick darauf, anhand welcher Maßnahmen Sie dieses Handlunsgfeld umsetzen können:

- Erstellen Sie kundenbezogene Guidelines. Darin kann beispielsweise der gemeinsame Kundenkompass (vgl. Abschn. 2.6) für einzelne Abteilungen oder Job Rollen weiter konkretisiert werden.
- Bieten Sie vertiefende kunden- und verhaltensbezogene Trainings und Schulungsmöglichkeiten an, z. B. zum Thema Empathie, Konfliktmanagement etc.
- Schaffen Sie Möglichkeiten, wie das Thema Kunde in die Mitarbeiter-Routinen integriert werden kann (z. B. in die wöchentlichen Meetings).
- Stellen Sie die erforderlichen Tools und Technologien bereit, die gelebte Kundenzentrierung ermöglichen (z. B. ausgewählte Evaluationstools für bestimmte Kontaktpunkte oder ein zeitgemäßes CRM-System)
- Sprechen Sie regelmäßig über das Thema Kundenerlebnis und bieten Sie abteilungsübergreifende Austauschformate an
- Kommunizieren Sie echte Kundenstimmen und Kundenfeedbacks (positiv und negativ) innerhalb des Unternehmens.

Handlungsfeld 4: Kundenfokus präsent halten

Den Kunden ins Zentrum zu stellen bedeutet auch, dies auch präsent und greifbar im Unternehmen zu kommunizieren. Als Mitarbeiter eines wirklich kundenzentrierten Unternehmens „springt" einem dieser Anspruch ständig entgegen, man kann ihm nicht „entkommen". Das kann sich in einer Mitmachaktion oder einer Artikelreihe zum Thema Kundenverbundenheit im Intranet widerspiegeln. Die Möglichkeiten sind vielfältig: Es können spezielle interne Events wie „Kundentage" oder „Customer Camps" sein, die bestenfalls zu Ritualen werden. Es kann eine Onlineplattform sein, auf der besondere

Kundenmomente geteilt werden können. Damit der Spaß nicht zu kurz kommt, setzen einige Unternehmen auf eigens geschaffene Wettbewerbe oder andere Formen von Gamification. Die Botschaft ist dabei immer die gleiche: *„Unser Kunde ist wichtig – und Du trägst dazu bei!"* Der Mix macht es aus und am Ende zählt das Momentum, das aufgebaut und aufrechterhalten werden muss. Schauen wir uns daher auch hier ein paar Beispiele an, welche Maßnahmen in diesem Handlungsfeld zum Tragen kommen können:

- Kommunizieren Sie die Wichtigkeit von Kundenfokus – kontinuierlich und auf verschiedenen Kanälen (beispielsweise durch interne Kampagnen).
- Machen Sie das Thema „Kunde" greifbar. Beispielsweise können Sie echte Kunden zu Diskussionsrunden in Ihr Unternehmen einladen.
- Gestalten Sie den Austausch zum Thema Kundenerlebnis partizipativ. Zum Beispiel können Sie eine digitale Austausch- und Ideenplattform im Unternehmen dazu etablieren.
- Integrieren Sie spielerische Elemente, z. B. durch interne Wettbewerbe, Gewinnspiele, Auszeichnungen etc.
- Bilden Sie CX-Multiplikatoren im Unternehmen und in allen relevanten Organisationseinheiten wie beispielsweise den jeweiligen Landesgesellschaften aus.

3.6 Beispielhafte Maßnahmen im Detail

Die oben genannten vier Felder gilt es im Rahmen der Umsetzung zu berücksichtigen. Wichtig dabei ist es, einen guten Mix zu finden und möglichst alle im Unternehmen abzuholen. Bei der Auswahl sollten Sie ferner die verfügbaren Ressourcen sowie die Maturität und die Unternehmenskultur berücksichtigen. Die Auswahl sollte von der Tonalität her sowohl Geschichten und emotional ansprechende Aspekte als auch Zahlen und Fakten beinhalten. Zudem geht es bei der Auswahl um eine gute Balance zwischen Maßnahmen mit „Push"-Fokus (z. B. Verzielung, konkrete Vorgaben) und solche mit „Pull"-Fokus (z. B. positive Anreize, Motivation, Anerkennung). Schauen wir uns daher im Folgenden an, wie solche Maßnahmen konkret aussehen können.

3.6.1 Integration von Kundenfokus in Recruiting und Onboarding neuer Mitarbeiter

„Hire for Attitude, Train for Skills" – so fasst es der bekannte Management-Berater Reinhard Sprenger zusammen (Sprenger 2012). Dieser Grundsatz gilt gerade auch für das Thema Kundenfokus. Wie wir gesehen haben, spielt der Faktor Mensch die entscheidende Rolle für Kundenbegeisterung. Das Auswählen und Rekrutieren von kundenzentrierten Mitarbeitern ist daher ein effizienter und wirksamer Ansatz für mehr Kundenverbundenheit in der Organisation. Typische Anforderungen, die geeignete Kandidaten hinsichtlich Kundenzentrierung mitbringen sollten, sind beispielsweise:

- eine ausgeprägte Empathiefähigkeit,
- die Fähigkeit zur kollaborativen, abteilungsübergreifenden Zusammenarbeit,
- der Anspruch, Vorbild zu sein,
- die Fähigkeit zu großem Denken oder
- Anpackerqualitäten.

Im Rahmen von Interviewfragen oder Bewerber-Cases können diese Anforderungen konkretisiert und überprüft werden (vgl. Abb. 3.8).

Zappos, das bereits zitierte Unternehmen aus den USA, das sich Kundenbegeisterung im besonderen Maße auf die Fahnen geschrieben hat, verwendet einen eigenen Anforderungskatalog sowie entsprechende Prüffragen, um die Passung potenzieller neuer Mitarbeiter zu evaluieren. (Hsieh 2013).

- *The applicant is willing to think and act outside the box.*
  - „Give me an example from your previous job(s) where you had to think and act outside the box."
  - „What was the best mistake you made on the job? Why was it the best?"
  - „Tell me about a time you recognized a problem/area to improve that was outside of your job duties and solved without being asked to. What was it, how did you do it?"
- *The applicant is more creative than the average person.*
  - „Would you say you are more or less creative than the average person? Can you give me an example?"

Fähigkeit: Empathie Frage: „Wie würden Sie einem Kunden ein komplexes Problem erklären"		
Prüfkriterien:	**Bewertung**	
Der Kandidat … • kann das Problem in verständliche Teile zerlegen. • kann sich in die Lage des Kunden versetzen.	*Sehr gut*	
• spricht mit Überzeugung und Empathie. • kann dem Kunden ein positives Gefühl vermitteln. • demonstriert ein klares Verständnis von direkter und transparenter Kommunikation.	*Gut*	
• kann seine/ihre Sprache bei Bedarf einer einfachen Form anpassen. • erklärt das Problem anhand konkreter Beispiele und Bildsprache	*Neutral*	
• stellt sicher, dass der Kunde alles versteht. • unterbreitet konkrete Vorschläge zur Lösung des Problems.	*Schwach*	
• versteht, wie wichtig es ist, den Kunden während der gesamten Customer Journey zu unterstützen.	*Ungenügend*	

Abb. 3.8 Beispielhaftes Recruiting Template. (Quelle: Eigene Darstellung)

- „If it was your first day on the job at Zappos and your task was to make the interview/recruiting process more fun, what would you do for those eight hours?"
- *The applicant is willing to take risks in trying to solve a problem.*
  - „What's an example of a risk you took in a previous job? What was the outcome?"
  - „When was the last time you broke the rules/policy to get the job done?"

3.6.2 Multiplikatoren-Programm

Damit eine CX-Initiative in einzelnen Abteilungen, Teams und Standorten gelebt und nachhaltig verankert wird, spielen sogenannt Botschafter oder interne Multiplikatoren eine wichtige Rolle. Der Multiplikator ist nicht nur Wissensträger und Unterstützer, sondern auch eine Art interner Influencer mit gutem Netzwerk und Akzeptanz innerhalb der gesamten Organisation. Zu den wichtigsten Aufgaben solcher CX-Multiplikatoren gehören:

- **Vorleben**
  Er oder sie lebt den Kundenkompass vor und fungiert als Vorbild
- **Wissen vermitteln**
  Er oder sie unterstützt im Rahmen der Einarbeitung neuer Kollegen oder im täglichen Arbeiten. Der Multiplikator erinnert immer wieder daran, in die Rolle des Kunden zu schlüpfen.
- **Für Sichtbarkeit sorgen**
  Er oder sie bringt das Thema „Kunde" immer wieder bei neuen Initiativen ein und sorgt für regelmäßige Dialoge und internen Austausch.

Bei der Auswahl von Multiplikatoren sollten Sie einige Kriterien beachten. Die Tätigkeit sollte unbedingt auf Freiwilligkeit und intrinsischer Motivation beruhen. Gute Kommunikationsfähigkeiten und ein breites Netzwerk innerhalb des Unternehmens sind ferner hilfreich. Außerdem sollte der Botschafter in der Lage sein, pro Woche mindestens zwei bis drei Stunden seiner Arbeitszeit für die Tätigkeit als CX-Botschafter zu investieren. Nach der Selektion sollten die Multiplikatoren trainiert und auf ihre neue Rolle entsprechend vorbereitet werden, z. B. durch entsprechende Infopakete, FAQs, Aufbau einer Austauschplattform für alle Multiplikatoren zur Kommunikation untereinander (z. B. gemeinsamer MS Teams-Kanal mit allen aktuellen Informationen).

Multiplikatoren achten nach einer gewissen Zeit besser auf Kundenerlebnisse. Sie evaluieren beispielsweise automatisch Situationen, die selbst als Kunde erlebt haben und reflektieren ihr eigenes Verhalten im Umgang mit internen und externen Kunden besser. Die Möglichkeit, mit unterschiedlichsten Funktionsbereichen im Unternehmen sind für viele ein zusätzlicher Ansporn, etwas zu bewegen. Die Multiplikatoren sind Change Agenten und damit ein aktiver Treiber der Unternehmenskultur.

3.6 Beispielhafte Maßnahmen im Detail

3.6.3 Anerkennungsprogramm für Mitarbeiter

Um eine Kundenkultur aufzubauen, braucht es regelmäßige Anerkennung und Lob, am besten durch ein dezidiertes Anerkennungsprogramm. Anerkennung durch die Führungskraft, aber auch durch Kollegen steigert nicht nur die Motivation und das Engagement, sondern erhöht auch die Produktivität, verbessert den Kundenservice und verringert Fehlzeiten. 67 % der Führungskräfte sind der Meinung, dass sie ihre Mitarbeiter überdurchschnittlich anerkennen. Jedoch stimmen nur 23 % ihrer Mitarbeiter dieser Aussage zu. (vgl. Gostik und Elton 2020). Es geht folglich darum, Anerkennung zu institutionalisieren, Anreize und Routinen für systematische, und gleichzeitig ehrliche Anerkennung zu schaffen. Dabei helfen kann eine digitale Plattform, wie sie beispielsweise der amerikanische Automobilhersteller GM etabliert hat. Mit dem Programm „GMrecognition" hat das Unternehmen eine umfassende Anerkennungsinitiative geschaffen und damit die Unternehmenskultur positiv verändert. „Recognition is an important part of the GM culture, and our salaried recognition program provides an online platform where employees across the globe can recognize and be recognized for living our company values and behaviors and for their contributions. This program is leveraged by 99 % of our salaried employees. In 2021, there were approximately 1 Mio. recognitions sent, 1.75 Mio. recognitions received and 1.2 Mio. comments shared." (vgl. GM 2023 und Achievers 2023). Abb. 3.9 verschafft einen Eindruck der Anerkennungsplattform von GM.

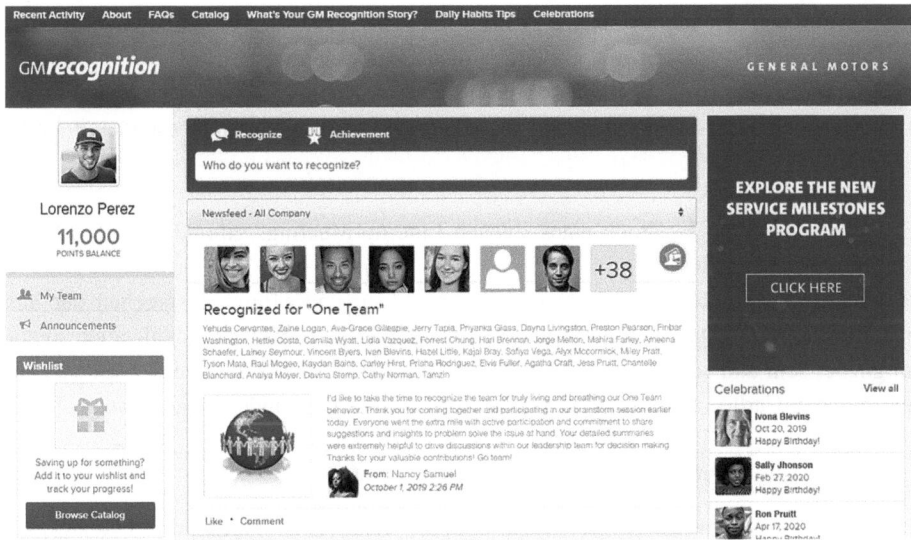

Abb. 3.9 Anerkennungsprogramm „GMrecognition". (Quelle: GM 2023)

Erwähnenswert scheint an dieser Stelle der kulturelle Einflussfaktor solcher Maßnahmen. Während diese beispielsweise in den USA, Kanada, UK, oder Australien relativ weit verbreitet sind, findet man sie bei Unternehmen im deutschsprachigen Raum noch eher selten.

3.6.4 Integration in Kommunikationsroutinen

Marken, die außerordentliche Kundenerlebnisse schaffen, halten das Thema, die Wichtigkeit und aktuelle Learnings dazu regelmäßig präsent – z. B. in Form der wöchentlichen oder täglichen Meetings im Team. So sind beispielsweise die täglichen Meetings bei Ritz-Carlton, genannt Daily Line-up „ein integraler Bestandteil jeder Abteilung in jedem Ritz-Carlton, weltweit" (sowie auch in der Zentrale). Das tägliche Line-up ist eines der wichtigsten Mittel bei Ritz-Carlton, um die Kultur am Leben zu erhalten und das eigene Serviceverständnis zu etablieren. Jedes Team, bestehend aus bis zu 20 Personen, führt jeden Tag zu Schichtbeginn ein ca. 15-minütiges Meeting durch. Es wird der bevorstehende Tag besprochen, aber auch regelmäßig über die eigenen Prinzipien gesprochen. Diese sind visuell präsent während des Meetings. Wow-Storys, in denen Kunden begeistert wurden werden mit dem Team geteilt. Auch die Führungskräfte nehmen daran teil und so hat das gesamte Team die Möglichkeit regelmäßig zu reflektieren, Erfolge zu teilen und zu zelebrieren. (vgl. Michelli 2008). Die folgenden vier Themen stehen auf der Agenda des Line-ups:

- Goldstandard des Tages (Oberste Priorität)
- Teilen von WOW-Storys und großartigen Kundenmomenten
- Feiern von Geburtstagen und Dienstjubiläen
- Besprechen von spezifischen und aktuellen Anforderungen und besonderen Ereignissen

Einen beispielhaften Eindruck eines solchen Line-up-Meetings gibt Abb. 3.10. (Quelle: The National News 2013).

Wichtig ist die Regelmäßigkeit und das bewusste und offene Besprechen der Verhaltensprinzipien. Das Meeting sollte ein standardisierter Bestandteil aller Teammitglieder sein und so zur festen Routine werden. Eine Aufzeichnung eines realen Lineups von Ritz-Carlton können Sie sich unter www.kundenverbunden.de anschauen.

Im Rampenlicht: Ritz-Carlton

Die amerikanische Luxus-Hotelkette betreibt weltweit 81 Hotels und befindet sich mehrheitlich im Besitz der Marriott Gruppe. Der Name Ritz-Carlton geht auf den Schweizer Hotelier César Ritz (1850–1918) zurück, der zunächst Hotels in Paris und

3.6 Beispielhafte Maßnahmen im Detail

Abb. 3.10 Beispiel Daily Line-up Ritz-Carlton. (Quelle: The National News 2013)

London betrieb. Heute ist die Marke auf der ganzen Welt ein Synonym für exklusiven Service und einen sehr hohen Standard an das Kundenerlebnis:

„The Answer is yes – now what is the question?"

Als Servicemarke spielen die Mitarbeiter die entscheidende Rolle hierfür. Werfen wir daher einen Blick darauf, wie es Ritz-Carlton schafft, diese einzigartige Kultur für Kundenservice zu schaffen und zu pflegen.

Die richtigen Mitarbeiter finden und binden

Ritz-Carlton legt sehr großen Wert auf die Auswahl der richtigen Mitarbeiter (intern „Ladies & Gentlemen" genannt). So gibt es einen umfassenden und mehrstufigen Interviewprozess, der unterschiedliche Perspektiven bestehender Mitarbeiter beinhaltet. Hierdurch werden beispielsweise Mitarbeiter mit direktem Kundenkontakt in den Auswahlprozess mit einbezogen. Ferner wird dem Onboarding eine besondere Bedeutung beigemessen: persönliche Begrüßung eines jeden neuen Mitarbeiters durch das Senior-Management sowie ein strukturierter Onboarding- und Orientierungsfahrplan. Dieser beinhaltet das Kennenlernen der Abteilungen, jobspezifische Trainings, das Ritz-Carlton Selbstverständnis, Umgang mit Gästen sowie Einführung in die Line-ups und die individuelle Anpassung der Arbeitsuniform. Die

Mitarbeiterbindung ist im Ergebnis überdurchschnittlich gut. Die Fluktuation liegt bei etwa 20 % statt der branchenüblichen 60 %. (vgl. Michelli 2008).

Fortlaufende Qualifizierung
Jeder Mitarbeiter bekommt mehr als 250 Stunden Training innerhalb des ersten Jahres. Neben den Einführungstrainings gibt es reguläre Schulungen für alle Mitarbeiter: Angefangen von Kundenorientierung bis hin zu speziellen Diversity- oder Kommunikationstrainings für Führungskräfte und Mitarbeiter. Auch die Daily Line-ups haben einen Trainingsanteil und gehören zum Qualifizierungsportfolio dazu. Ziel ist es, die Ritz-Carlton Service-Philosophie bei allen Mitarbeitern langfristig zu verankern. Ritz-Carlton investiert etwa 10 % des Gehalts eines Mitarbeiters in dessen Training.

Für individuelles Empowerment sorgen
Ritz-Carlton hat mit der 2000-Dollar Regel einen definierten finanziellen Rahmen für individuelle Kundenbegeisterung geschaffen. Jeder Mitarbeiter des Hotels – vom Empfangschef bis zur Reinigungskraft – kann pro Gast und pro Tag diese Summe ausgeben, um das Kundenerlebnis positiv zu gestalten, und zwar ohne vorher die Genehmigung des Vorgesetzten einzuholen. Den Mitarbeitern ist es nicht nur gestattet, dies zu tun, sie werden sogar dazu ermutigt. So werden für Kunden Momente der Enttäuschung zu Momenten der Begeisterung gemacht. Hier ein Beispiel, wie die 2000-Dollar Regel für individuelles Empowerment und damit Begeisterung gesorgt hat:

Eine Familie, die im Ritz-Carlton in Bali übernachtete, hatte spezielle Eier und Milch für ihren Sohn mitgebracht, da er verschiedene Allergien hat. Bei der Ankunft stellten sie fest, dass die Eier zerbrochen waren und die Milch verdorben war. Der Hotelleiter und das Serviceteam suchten in der Stadt, konnten die passenden Produkte jedoch nicht finden. Glücklicherweise erinnerte sich der leitende Koch des Resorts an ein Geschäft in Singapur, das die Produkte verkaufte. Er kontaktierte seine Schwiegermutter und bat sie, die Produkte zu kaufen und nach Bali zu fliegen, und sie dann ins Hotel zu bringen. Das Hotel kam für die Kosten auf und die Familie war nachhaltig vom Engagement des Hotelpersonals beeindruckt. ◄

3.6.5 Award – Gelebte Kundenverbundenheit auszeichnen

Awards und Auszeichnungen sind ein Anreiz und klares Signal nach innen. Ziel ist es, eine Bühne zu schaffen für besondere Momente, die Ihre Mitarbeiter für Ihre Kunden geschaffen haben. Die Gewinner werden belohnt, z. B. durch besondere Anerkennung bzw. symbolische oder monetäre Anreize (die Ausnahme). Insgesamt wird so die Relevanz für das Thema unterstrichen und die Mitarbeiter haben die Möglichkeit, sich aktiv daran zu beteiligen und dabei eine positive, spielerische Wettbewerbsdynamik aufzubauen.

3.6 Beispielhafte Maßnahmen im Detail

Was sind Kriterien für einen Moment der Begeisterung?
- Es handelt sich um einen außerordentlichen Moment, der die Erwartungen des Kunden eindeutig übertrifft.
- Der Moment ist einzigartig und vollständig auf den Kunden und seine Bedürfnisse zugeschnitten.
- Der Mitarbeiter geht die berühmte Extrameile und leistet mehr, als sein Job laut Stellenbeschreibung verlangt.
- Die Begeisterung beim Kunden wurde mit angemessenem Mitteleinsatz (Zeit und Kosten) erzeugt.
- Die Idee des Begeisterungsmomentes kann zukünftig auf vergleichbare Kundensituationen übertragen werden.

Abb. 3.11 verdeutlicht den Award Prozess.

3.6.6 Management Training

Das Management spielt eine zentrale Rolle in der Transformation zum kundenverbundenen Unternehmen. Laut einer aktuellen Erhebung treiben 56 % der Führungskräfte in Unternehmen das Thema Customer Experience nicht ausreichend voran, bzw. befähigen ihre Mitarbeiter im Tagesgeschäft nicht dazu, kundenzentriert zu handeln (vgl. G&P 2022). Die zielgerichtete Gestaltung und Begleitung von Veränderungen des Unternehmens ist dabei eindeutig Führungsaufgabe. Gute Führungskräfte geben Wertschätzung, sind authentische Vorbilder, geben Inspiration und schaffen Vertrauen. (vgl. Abb. 3.12).

Werfen wir den Blick auf konkrete Managementaufgaben und wie sie dazu beitragen, Kundenverbundenheit in der Organisation zu fördern (vgl. WiWo 2023). Als

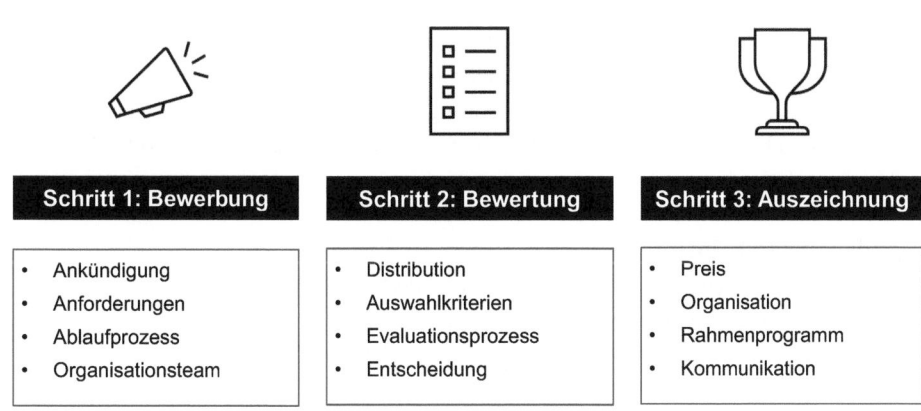

Abb. 3.11 Award für Kundenverbundenheit. (Quelle: Eigene Darstellung)

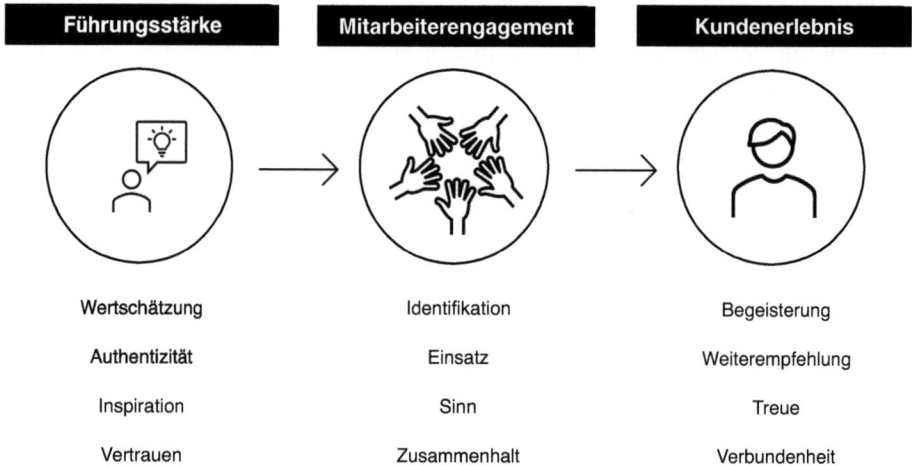

Abb. 3.12 Zusammenhang zwischen Führung, Mitarbeiterengagement und Kundenerlebnis. (Quelle: Eigene Darstellung)

Führungskraft können wir dabei jede Person mit leitender Stellung in einem Unternehmen definieren, die für mindestens einen Mitarbeiter in der Führungsverantwortung ist. Diese Definition umfasst damit alle Führungsrollen von der Unternehmensleitung (z. B. Vorstand, Geschäftsführung), Bereichsleitung (z. B. Vertrieb, Finanzen), Abteilungsleitung (z. B. Marktforschung, Personalmanagement) bis zum Teamleiter.

Kommunikation bewusst einsetzen
Um Mitarbeiter informiert und inspiriert zu halten, ist fortlaufende Kommunikation unerlässlich. Gute Kommunikation geht dabei über das reine Bereitstellen von Informationen hinaus. Sie schafft Vertrauen, Verbundenheit und Motivation. Sie ist maßgebender Treiber der internen Kultur und beeinflusst sie auf vielen Ebenen. „Man kann nicht nicht kommunizieren" (Paul Watzlawick) – daher ist das, was und wie wir als Führungskraft kommunizieren von entscheidender Bedeutung. Damit Kommunikation dazu beiträgt, Kundenverbundenheit aufzubauen, sollten sich Führungskräfte folgende Anforderungen zu Herzen nehmen:

- **Anforderung 1: Intention**
  Spreche ich explizit über die Wichtigkeit des Kundenerlebnisses?
- **Anforderung 2: Inspiration:**
  Spreche ich mit Überzeugung und Leidenschaft über das Thema Kundenerlebnis?
- **Anforderung 3: Repetition**
  Spreche ich regelmäßig und mit ausreichend häufiger Wiederholung über das Thema Kundenerlebnis?

Als Führungskräfte sollten wir unterschiedliche Kommunikationschancen (z. B. Town-Hall-Meeting, Quartalsmeetings, interne Feierlichkeiten) bewusst wahrnehmen und die Themen, die auf Kundenverbundenheit einzahlen, ebenso gezielt auswählen. Inhaltliche Impulse, welche Themen und Botschaften Sie dabei konkret adressieren können, finden Sie unter www.kundenverbunden.de.

Anerkennung durch den Vorgesetzten motiviert Verhalten
Seinen Mitarbeitern echte Wertschätzung zu geben, ist Aufgabe jeder Führungskraft. Jeder Mensch wünscht sich Anerkennung im Beruf, zumal sie keiner von sich aus für sich schaffen kann. Es gilt, Wertschätzung in der richtigen Dosis einzusetzen – das Potenzial hierfür scheint noch nicht ausgeschöpft zu sein, da kaum ein Mitarbeiter behauptet, dass er zu viel Anerkennung bekommt. Um mit Anerkennung als Führungskraft eine Kultur der Kundenverbundenheit zu fördern, gibt es ein paar grundlegende Anforderungen zu berücksichtigen:

- **Anforderung 1: Konkretes Verhalten anerkennen**
  Es macht einen großen Unterschied, ob man einfach nur sagt „Gute Arbeit!" oder „Die Art und Weise, wie Sie mit dem verärgerten Kunden gestern im Verkaufsgespräch umgegangen sind, hat mir sehr gut gefallen – genau so wollen wir als Marke auftreten und im Gedächtnis unserer Kunden bleiben." Im zweiten Beispiel gibt die Führungskraft spezifische Anerkennung und schafft so Eindeutigkeit und einen konkreten Bezug zum Verhalten des Mitarbeiters.
- **Anforderung 2: Ehrlich und zeitnah anerkennen**
  Mitarbeiter spüren, ob die Wertschätzung aufrichtig und authentisch ist. Dazu gehört auch, dass Wertschätzung direkt erfolgt und nicht zeitlich verzögert, zum Beispiel im Rahmen eines jährlichen Mitarbeitergesprächs.
- **Anforderung 3: Nicht nur Ergebnis, sondern auch den Weg dahin anerkennen**
  Erzielte Ergebnisse sind wichtig, aber auch der Einsatz, die Anstrengungen und die Geduld auf dem Weg dahin verdienen Wertschätzung und geben Mitarbeitern das Gefühl, dass Sie hinter ihnen stehen, auch wenn ein Ziel einmal nicht erreicht wird.

▶ **Perspektivwechsel** Wann haben Sie zuletzt Anerkennung für eine Leistung von Ihrem Vorgesetzen erhalten? Was hat sie bewirkt? Wann haben Sie zuletzt einem Mitarbeiter von Ihnen oder einem Kollegen Anerkennung gegeben?

Coaching, um zu korrigieren
Um die individuelle Entwicklung von Mitarbeitern fördern, können Führungskräfte durch coachende Führung wirksame Impulse setzen. Dabei geht es darum, Probleme gemeinsam zu reflektieren und zu lösen. Das Prinzip „Hilfe zur Selbsthilfe" sollte dabei im Vordergrund stehen. Gutes Coaching gibt also keine Antworten vor, sondern regt mit den richtigen Fragen den Mitarbeiter dazu an, von selbst auf eine Lösung zu kommen. Zum Einsatz kommen dabei je nach Situation unterschiedliche Techniken wie

- **Offene Fragen und aktives Zuhören**
  z. B. „Wie würden Sie den gestern erlebten Kundentermin beschreiben?", „Welcher Eindruck könnte dadurch bei unseren Kunden entstehen?"
- **Vertiefung**
  z. B. „Warum haben Sie so agiert? Wie haben Sie sich dabei gefühlt?"
- **Situative Interventionen**
  z. B. durch Bestätigung und Wertschätzung dem Mitarbeiter gegenüber, Schaffung eines Transfers für zukünftige Situationen

Manchmal geht es dabei auch darum, schwierige Botschaften zu vermitteln, negative Eindrücke zu spiegeln und Anregungen zu geben, das Verhalten für die Zukunft zu verändern. Ein vorher definierter Kundenkompass und die gemeinsame Vision als gemeinsame Basis sind wichtige Helfer, um diese Gespräche sachlich und nicht persönlich zu führen.

3.7 Jeder im Unternehmen ist für den Kunden zuständig

Wir stellen fest: Kunde betrifft alle im Unternehmen. Daher ist die Zielgruppe von erfolgreichen CX-Programmen einfach zu beschreiben: Alle Führungskräfte und alle Mitarbeiter eines Unternehmens sollten idealerweise daran beteiligt werden. Durch das bewusste Einbeziehen von allen zeigen Sie, dass auch alle im Unternehmen für das Thema verantwortlich sind. Ferner entstehen so eine gemeinsame Aufbruchstimmung, ein geteiltes Verständnis und eine einheitliche Sprache im Rahmen der Initiative. Auch wenn wir grundsätzlich alle ansprechen wollen, können wir drei wichtige Unterzielgruppen im Folgenden näher beleuchten.

Die Teilnahme der Führungskräfte unterstreicht die Bedeutung
Oft wird die Frage gestellt, inwiefern die Teilnahme des Managements bei CX-Initiativen erforderlich ist. Durch die Vorbild- und Orientierungsfunktion, die Führungskräfte haben, sollten sie unbedingt teilnehmen. Kultur lässt sich nicht delegieren, sondern muss vorgelebt werden. Daher ist es essenziell, dass Ihre Führungsriege geschlossen hinter Ihrer CX-Initiative steht und so ein klares Signal an die Mannschaft sendet: „Das ist wichtig für uns!"

Auch Mitarbeiter ohne direkten Kundenkontakt sind wichtig
Sollen Mitarbeiter aus kundenfernen Bereichen wie dem Controlling, dem Personalbereich oder beispielsweise der Logistik beteiligt werden? Auch diese Frage ist mit einem klaren „Ja" zu beantworten. Bei dem CX-Programm handelt es sich nicht um ein Kundenservice-Training. Dieses wäre in der Tat nur für eine kleine, spezialisierte Gruppe relevant. Wie wir gesehen haben, geht es bei Kundenzentrierung um mehr, es geht darum, Brücken zwischen den Bereichen zu bauen und dafür sind gerade die Mitarbeiter ohne Kundenkontakt ganz entscheidend – frei nach dem Motto: „Jeder kann und soll das Kundenerlebnis positiv beeinflussen!"

Externe Partner beteiligen, die für das Kundenerlebnis eine Rolle spielen
In vielen Unternehmen werden kundenrelevante Tätigkeiten an externe Firmen ausgelagert. Rein organisatorisch sind diese daher nicht direkt Ihrem eigenen Unternehmen zuzuordnen. Für den Kunden spielt das aber keine Rolle, er unterscheidet nicht zwischen intern und extern. Beispielsweise läuft bei vielen Fluggesellschaften die Reinigung der Maschinen zu Teilen oder ganz über externe Dienstleister. Die Art und Weise, wie diese mit den Kunden der Airline interagieren, z. B. beim Verlassen des Flugzeugs, hat aber direkten Einfluss darauf, wie Kunden die Marke wahrnehmen. Es kann daher sehr sinnvoll sein, entsprechende externe Partner in kundenrelevanter Funktion in Ihre CX-Initiative miteinzubeziehen, um auch hier die entsprechenden Brücken zu bauen.

3.8 Zusammenfassung der Erfolgsfaktoren

Die Menschen machen den Unterschied
Die Kultur eines Unternehmens ist nicht kopierbar. Sie ist auch nicht direkt, sondern nur mittelbar zu steuern. Es gibt keinen Lichtschalter, den wir an- und ausschalten können. Kultur ist nicht delegierbar und verändert sich nicht durch das Verkünden neuer Werte. Sie lebt vielmehr von den Menschen, die sie gestalten und sich als Gestalter sehen. Optimismus ist ansteckend, auch kleine Gesten zählen, viele kleine individuelle Veränderungen können am Ende etwas Großes bewegen. Ein freundliches Lächeln eines Kollegen kann beispielsweise zu einem produktiven Austausch führen, der das Kundenerlebnis positiv verändert. Das wiederum spürt der Kunde und dieser empfiehlt die Marke weiter.

Der beste Zeitpunkt zu starten ist jetzt
„Müsste, könnte, würde, sollte …" Sicherlich fallen auch Ihnen auf Anhieb viele Aspekte ein, die im Moment dagegen sprechen, den Kunden mehr in den Fokus zu stellen. Fakt ist, es gibt immer etwas, was gerade nicht ideal ist – z. B. nicht ausreichend Ressourcen, nicht ausreichend Kompetenzen oder die Tatsache, dass es „bisher doch meistens ganz gut funktioniert hat". Die Umstände werden nie perfekt sein, es empfiehlt sich daher, lieber mit kleinen, kontinuierlichen Schritten zu starten und so Schritt für Schritt vorangehen, statt auf den vermeintlich optimalen Zeitpunkt zu warten.

Nichts ist so beständig wie der Wandel
Die Reise zur kundenverbunden Organisation ist kein Projekt, das man abarbeitet. Es gibt kein definiertes Ziel und vermutlich nie den Moment, wo wir damit fertig sein werden. Es ist vielmehr ein lebendiger, fortdauernder Prozess, vergleichbar mit dem regelmäßigen Treiben von Sport, um fit zu bleiben oder täglichem Zähneputzen, um die Mundhygiene aufrechtzuerhalten. Konsequenz, Durchhaltevermögen und das richtige Erwartungsmanagement bei allen relevanten Beteiligten auf dieser Reise sind die Voraussetzung dafür.

> **Zusammengefasst**

Wir stellen fest, dass die Transformation zur kundenverbundenen Organisation ein nicht zu unterschätzender Veränderungsprozess ist, der das Potenzial hat, eine Unternehmenskultur nicht nur zu erneuern, sondern auch zu verbessern. Wie keine andere Instanz kann der Kunde intern unterschiedliche Perspektive zusammenbringen und eine gemeinsame Ausrichtung schaffen. Dabei wird es im Prozess auch zu Irritationen, zu Konfrontationen, zu Umwegen und zu Phasen der Ungewissheit kommen. Wir werden vielleicht manchmal das Gefühl haben, überfordert zu sein, oder im Umgang mit Kollegen und Vorgesetzten aneinander vorbeigeredet zu haben und fragen uns womöglich auch, warum die Dinge nicht so laufen, wie wir sie uns in Konzeptstadium vorgestellt haben, oder im Meeting mit Kollegen kommuniziert haben. Diese Erfahrungen sind eine Chance zu akzeptieren, dass Veränderung schwer ist. Wenn es bereits schwer ist, sein eigenes Mindset und Verhalten zu verändern, dann ist es mit Sicherheit noch schwerer, das Mindset und Verhalten einer ganzen Organisation mit mehreren hunderten oder tausenden von Individuen zu verändern. Konrad Lorenz, der berühmte österreichische Verhaltensforscher hat es auf den Punkt gebracht:

„Gedacht ist nicht gesagt,
gesagt ist nicht gehört,
gehört ist nicht verstanden,
verstanden ist nicht einverstanden,
einverstanden ist nicht angewendet,
angewendet ist noch lange nicht beibehalten."

Gleichzeitig dürfen wir als CX-Verantwortliche den Blick nicht nur auf die unmittelbare Realität richten, in der wir uns befinden, sondern wir müssen immer wieder bewusst nach vorne schauen, uns an unsere Vision erinnern, sehen, was möglich ist und den „Drive" aufrechterhalten:

„All change is hard at first, messy in the middle and gorgeous at the end." (Robin Sharma). ◄

> **Reflexionsfragen Kapitel 3**

- Wie kundenverbunden sind die vier Kundenerlebnisdimensionen Ihrer Marke (Product, Process, Place, People)?
- Welche Aspekte Ihrer Unternehmenskultur fördern Kundenverbundenheit? Welche Aspekte blockieren sie?
- Welchen Einfluss haben Sie bzw. Ihr Team ganz konkret auf das Erlebnis der Kunden Ihrer Marke?

Literatur

Amazon (2023). *Leadership Principles.* https://www.aboutamazon.de/wer-wir-sind/leadership-principles. Zugegriffen am 19. September 2023

AWS (2023). *Grundsätze kundenorientierter Innovation.* https://aws.amazon.com/de/executive-insights/content/the-imperatives-of-customer-centric-innovation/, Zugegriffen am 19. September 2023

Bates, T. & Petouhoff, N. (2022). *Empathy In Action: How to Deliver Great Customer Experiences at Scale.* Washington: Ideapress Publishing

Colin B., Bill C. (2021): *Working Backwards, Insights, Stories, and Secrets from Inside Amazon,* Macmillan

Dixon, E. (2022). *The Power of Customer Experience: 5 Elements To Make An Impact.* Herausgeber: Elisabeth Dixon

Gostik, A. & Elton C. (2020). *Leading with Gratitude: Eight Leadership Practices for Extraordinary Business Results.* New York: HarperCollins

Fabernovel (2023), *New economy, new KPIs: The customer era.* http://www.nsuchaud.fr/wp-content/uploads/2020/04/neweconomynewkpis-thecustomerera-190924165123.pdf, Zugegriffen: 21. Juni 2023

Forbes (2023), *Inside Amazon's Idea Machine: How Bezos Decodes Customers.* https://www.forbes.com/sites/georgeanders/2012/04/04/inside-amazon/?sh=3b28fdd36199, Zugegriffen am 21. Juni 2023

Hall, E. T. (1976). *Beyond Culture.* New York: Random House

Hsieh, T. (2013). *Delivering Happiness. A Path to Profits, Passion and Purpose.* New York: Business Plus

Inc (2023), *Why Every Amazon Meeting Has at Least 1 Empty Chair.* https://www.inc.com/john-koetsier/why-every-amazon-meeting-has-at-least-one-empty-chair.html, Zugegriffen: 21. Juni 2023

Kotter, J. P. (2012). *Leading Change.* Boston: Harvard Business Review Press

Michelli, J. A. (2008). *The New Gold Standard. 5 Leadership Principles for Creating a Legendary Customer Experience Courtesy of the Ritz-Carlton Hotel Company.* New York: McGraw Hill

Sprenger R. K. (2012). *Radikal führen.* Frankfurt: Campus

Porath, C. (2023) *Der unverschämte Kunde* in *Harvard Business Manager*, Ausgabe März 2023

WiWo (2023). *Management-Klassiker für Eilige (5) – Die Top-Ten der Managementliteratur auf den Punkt gebracht: Fredmund Malik „Führen Leisten Leben".* https://blog.wiwo.de/management/2019/07/29/management-klassiker-fuer-eilige-5-die-top-ten-der-managementliteratur-auf-den-punkt-gebracht-fredmund-malik-fuehren-leisten-leben/ Zugegriffen: 26. Mai 2023

Achievers (2023). *General Motors Customer Success Story,* https://www.achievers.com/resources/customer-stories/general-motors-customer-success-story/ *Zugegriffen: 24. Februar 2023*

GM (2023). *Developing Talented People* – Total Rewards, https://www.gmsustainability.com/priorities/developing-talented-people/total-rewards.html, und https://www.gmsustainability.com/_pdf/resources-and-downloads/GM_2022_SR.pdf Zugegriffen: 24. Februar 2023

G&P. (2022). *Begeisterte Kunden. Begehrliche Marken. Customer Centricity Studie 2022.* https://www.gp-markenberatung.de/wp-content/uploads/2021/12/Begeisterte_Kunden_Begehrliche_Marken_GP.pdf. *Zugegriffen: 27. Januar 2023*

The National News (2013). *In pictures: An exclusive peek around Ritz-Carlton Abu Dhabi* https://www.thenationalnews.com/lifestyle/travel/in-pictures-an-exclusive-peek-around-ritz-carlton-abu-dhabi-1.294916, Zugegriffen am: 24. Februar 2023

Genesys (2023). *The Connected Customer Experience: CX Defines Brand Success for Consumers Today.* https://www.genesys.com/resources/the-connected-customer-experience, Zugegriffen: 3. März 2023

Glassdoor 2023. *Firmenphilosophie und Kultur sind wichtiger als das Gehalt für Arbeitnehmer:innen,* https://www.glassdoor.de/blog/umfrage-firmenphilosophie-unternehmenskultur-wichtiger-als-gehalt/, Zugegriffen am 22. März 2023

Gunnercooke (2023), *Company Culture: three techniques Ritz-Carlton use to cater extraordinarily for their guests.* https://gunnercooke.com/company-culture-three-techniques-ritz-carlton-use-cater-extraordinarily-guests/, *Aufgerufen am 21.06.23*

Deloitte (2023). *Excitement Points. Eine Untersuchung von Deloitte, YouGov und der APG.* https://www2.deloitte.com/de/de/pages/technology/articles/kundenbegeisterung-als-wachstumsfaktor.html, Zugegriffen: 15. September 2023

Gallup (2020): *Employee Engagement and Performance: Latest Insights From the World's Largest Study.* https://www.gallup.com/workplace/321032/employee-engagement-meta-analysis-brief.aspx. Zugegriffen: 15. September 2023

Kundenverbundene Erlebnisse schaffen 4

Wie nutzen wir das aufgebaute Momentum innerhalb des Unternehmens und begeistern unsere Kunden? Um diese Frage zu beantworten, befassen wir uns im folgenden Kapitel zunächst mit den unterschiedlichen Arten von Kundenmomenten. In dem dann folgenden Schritt wollen wir uns mit der Frage beschäftigen, wie wir „Begeisterung" konkreter machen können, und zwar anhand eines spezifischen Zielbildes – also der Beschreibung, was unser Kunde konkret erleben soll, damit dieses Gefühl bei ihm entsteht. Dieses Zielbild können wir dann für unterschiedliche Kundenerlebnisphasen konkretisieren und in messbare Ziele übersetzen. Anhand dieser Größen schauen wir uns an, wie wir interne Prozesse operationalisieren können, um diese Ziele zu erreichen. Abgerundet wird das Kapitel durch Checklisten aus der Praxis, wie Mitarbeiter und Führungskräfte aus unterschiedlichen Funktionsbereichen ganz konkret das Kundenerlebnis positiv steuern können.

> „They may forget what you said – but they will never forget how you made them feel" – Carl W. Buehner (Evans 1971)

Um kundenverbundene Erlebnisse zu schaffen, müssen wir uns zunächst fragen, wie Kunden uns als Marke wahrnehmen – dazu schauen wir uns vier unterschiedliche Arten von Kundenmomenten an. Als Nächstes beschäftigen wir uns mit der Analyse und Beschreibung unserer Kunden in Form einer Buyer Persona. Darauf aufbauend betrachten wir Wege, wie wir die gewonnenen Kundenerkenntnisse in idealtypische Erlebnisse übersetzen können. Dazu beschreiben wir ein Zielbild. Im Anschluss daran werfen wir einen Blick auf zwei unterschiedliche Mess- und Steuerungsprozesse sowie gängige CX-Metriken. Zum Abschluss des Kapitels besprechen wir diverse praktische Tools wie Checklisten, die Ihnen und Ihrem Team dabei helfen können, kundenverbundene Erlebnisse zu schaffen.

4.1 Der Moment macht das Erlebnis

Das Kundenerlebnis, also die Art und Weise, wie Kunden Ihre Marke wahrnehmen, entsteht aus vielen kleinen Einzelteilen. Moment für Moment fügen Sie sich zu einem Gesamtbild zusammen. Und genau diese einzelnen Situationen und Momente sind es, die von Menschen im direkten oder indirekten Kundenkontakt in besonderem Maße geprägt und kontrolliert werden können. Jeder Moment ist unterschiedlich, aber aus einer Erlebnisperspektive gibt es vier typische Kategorien, die wir im Folgenden genauer betrachten wollen (vgl. Abb. 4.1 in Anlehnung an Dixon (2022).

4.1.1 „Signature"-Momente

Diese Momente sind so einzigartig wie Ihre Handschrift. Durch konsistenten Einsatz werden sie zu differenzierenden, wiedererkennbaren Elementen des Kundenerlebnisses und prägen damit die Markenwahrnehmung in besonderem Maße. Signature-Momente müssen keine aufwendigen oder teuren Maßnahmen sein, sondern sind in der Regel kleinere, einfach zu integrierende Gesten. Konsistent eingesetzt sind diese jedoch so stark, dass Kunden sie erwarten und vermissen würden, wenn man sie weglässt. Bekannte Beispiele für solche Momente sind:

- **Starbucks:** Der Becher des Kunden wird in den Coffeeshops der Marke mit dem Vornamen per Filzstift personalisiert. Der Kunde wird mit Namen aufgerufen, sobald sein Getränk fertig ist. Die Symbolik dieser Geste passt zum Versprechen der Marke:

  „To inspire and nurture the human spirit – one person, one cup, and one neighborhood at a time." (Michelli 2013)

- **Disney Parks and Ressorts:** Mickey Mouse und Co. knien sich zu Kindern stets herunter, um auf Augenhöhe mit ihnen interagieren zu können. Diese Geste benötigt keinerlei zusätzliche Ressourcen, hinterlässt aber einen bleibenden Eindruck und zahlt auf den Purpose der Marke ein:

  „We create Happiness". (Disney Institute & Kinni, 2011)

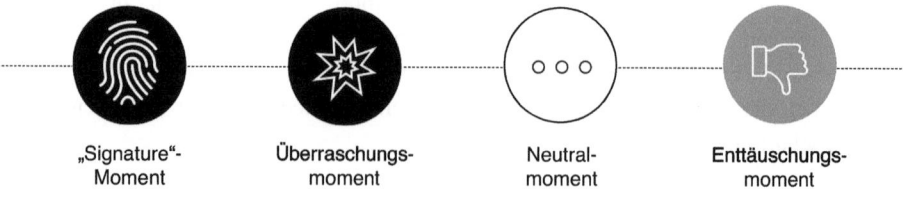

Abb. 4.1 Arten von Kundenmomenten. (Quelle: Eigene Darstellung)

- **Ikea:** Kunden werden grundsätzlich geduzt. Das erzeugt Nähe, schafft Differenzierung und passt zum Ikea Markenwert „Togetherness" bzw. „Tillsammans" (Schwedisch für „zusammen") – einem Kernaspekt der gelebten Ikea-Kultur. (vgl. Ikea 2023)

4.1.2 Überraschungsmomente

Die Situationen, in denen es uns gelingt, unsere Kunden positiv zu überraschen, bleiben besonders stark im Gedächtnis der Kunden. Wie der Name annehmen lässt, sind es in der Regel besondere Gesten, mit denen der Kunde nicht gerechnet hat. Beispiele können sein:

- Das Restaurant, das zum Geburtstag eines Gastes nicht nur ein kostenloses Dessert mit Kerze spendiert, sondern das gesamte Service-Personal ein Geburtstagsständchen für den Gast singt.
- Der Handwerker, der sich Monate nach erbrachter Dienstleistung beim Kunden erkundigt, ob immer noch alles funktioniert und der Kunde zufrieden ist.
- Der Onlineshop, der treue Kunden, die längere Zeit nichts gekauft haben, mit einem persönlichen Gutschein oder einem kleinen Geschenk darauf aufmerksam macht, dass sie vermisst werden.

4.1.3 Enttäuschungsmomente

Die Situationen, in denen Kunden verärgert, frustriert oder enttäuscht sind, müssen aus Kundenerlebnis-Perspektive nicht gleich zu Beginn abgeschrieben werden – denn sie haben das Potenzial, durch eine schnelle und persönliche Lösung des Problems für den Kunden echte Begeisterung zu erzeugen. Gelingt dies, so wird Ihre Marke als Retter in der Not in Erinnerung bleiben. Ist dies nicht der Fall, bleibt die Enttäuschung und der Moment wird auch als solcher beim Kunden abgespeichert. Schauen wir uns ein paar Beispiele für solche kritischen Momente an:

- Die Autovermietung, die das von Ihnen reservierte Fahrzeug nicht vorrätig hat, aber kostenlos ein Upgrade auf eine höhere Klasse anbietet.
- Der Onlineshop, der eine verspätete Lieferung durch ein kleines, persönliches Geschenk wiedergutmacht.
- Der Werkstatt-Mitarbeiter, der auf dem Weg zur Arbeit das Fahrzeug eines Kunden auf dem Standstreifen mit einer Panne sieht, direkt stehen bleibt und sich das Problem zusammen mit dem Kunden ansieht.

▶ **Perspektivwechsel** Wie gehen Sie mit Momenten um, in denen Ihre Kunden enttäuscht werden? Nutzen Sie den Schwung und wandeln Sie Enttäuschung um in Zufriedenheit und Begeisterung oder werden diese Situationen zu Momenten, die negativ bei Ihren Kunden in Erinnerung bleiben?

4.1.4 Neutralmomente

Neben den oben beschriebenen Ausreißern nach oben und nach unten erfährt der Kunde in seiner Erlebnisreise natürlich auch eine Vielzahl an alltäglichen Situationen. Momente, die nicht besonders positiv und auch nicht besonders negativ herausstechen, die so ablaufen wie erwartet. Auch wenn sie dramaturgisch nicht so sehr ins Gewicht fallen, erfüllen sie wichtige Kundenbedürfnisse nach Schnelligkeit, Einfachheit und danach, dass die Dinge so wie erwartet funktionieren. Neutralmomente sind die Basis für Kundenzufriedenheit. Dabei sollten wir aber eines nicht vergessen: Nur zufrieden zu sein bedeutet in der Regel kein unbedingtes Bestreben als Kunde, wiederzukommen.

4.2 Kunden verstehen und danach handeln mit Buyer Personas

Die Kenntnis und das tiefe Verständnis für die Anforderungen der Kunden ist die Grundlage, um über die gesamte Erlebniskette besondere Kundenmomente zu schaffen. Der Buyer-Persona-Ansatz ist ein vielfach bewährtes Instrument, um dieses Ziel zu erreichen. Eine Buyer Persona ist eine archetypische Beschreibung eines Kunden, die möglichst genau den typischen Kunden charakterisiert. Die folgenden fünf Kategorien werden in einer Buyer Persona üblicherweise abgedeckt:

- **Beweggründe**
  „Warum interessiere ich mich dafür?"
- **Erwartungen**
  „Was erhoffe ich mir vom Kauf?"
- **Einwände**
  „Was hält mich vom Kauf ab?"
- **Customer Journey**:
  „Wie informiere und entscheide ich mich?"
- **Auswahlkriterien**
  „Worauf kommt es mir am meisten an?"

Durch die Beantwortung dieser fünf Fragen wird die Qualität des Kundenverständnisses um ein Vielfaches gesteigert. Im Marketing und im Vertrieb helfen die Antworten dabei, durch die Auswahl passender Kommunikations- und Kundengewinnungsmaßnahmen effizient und zielgerichtet zu arbeiten. Durch die Anschaulichkeit des Modells, sind Buyer Personas im ganzen Unternehmen gut einzusetzen und für alle Mitarbeiter einfach zu verstehen – sie zeigen wie Kunden wirklich „ticken". Durch den konsequenten Blick durch die Kundenbrille sind sie ein gutes Werkzeug, die Perspektive zu wechseln (vgl. Revella 2015). Abb. 4.2 zeigt exemplarisch, wie eine solche Buyer Persona in verdichteter Form aussehen kann.

4.2 Kunden verstehen und danach handeln mit Buyer Personas

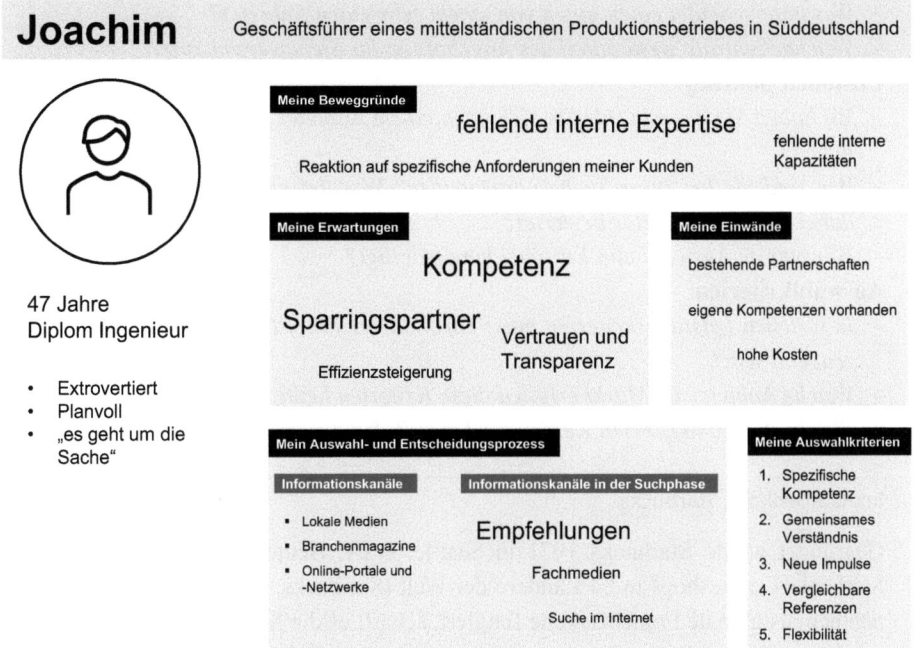

Abb. 4.2 Kundenerkenntnisse in Form einer Buyer Persona. (Quelle: Eigene Darstellung)

Für die Erstellung einer Buyer Persona müssen vorher die entsprechenden Erkenntnisse gewonnen und aufbereitet werden. Dafür eignen sich direkte Gespräche mit Kunden und Interessenten der Marke sowie die Sichtung von bereits vorhandenen Sekundärquellen wie Branchenstudien, Markenanalysen, CRM-Daten oder Erkenntnisse aus dem Vertriebsteam. Jede der fünf Kategorien lässt sich dabei anhand ausgewählter Leitfragen beleuchten, die im Folgenden skizziert werden. Die genaue Ausformulierung der Fragen fällt dabei je nach Branche und Zielgruppe unterschiedlich aus.

- **Beweggründe**:
  - *Warum interessieren Sie sich für (Platzhalter)?*
  - *Welches Problem wollen Sie lösen?*
  - *Welche Parameter spielen dabei für Sie die entscheidende Rolle?*
- **Erwartungen**:
  - *Was sind Ihre generellen Erwartungen?*
  - *Was bzw. welche Ergebnisse wollen Sie am Ende erreichen?*
  - *Was erhoffen Sie sich persönlich von einem Anbieter für (Platzhalter)?*
- **Einwände**:
  - *Was hielt Sie in der Vergangenheit von einer Zusammenarbeit mit einem Anbieter für (Platzhalter) ab?*

- *Was unterscheidet einen guten von einem sehr guten Anbieter?*
- *Welcher zentrale Bestandteil des Angebots ist für Sie unverzichtbar?*
- **Customer Journey**:
  - *Wo haben Sie gesucht, als Sie sich nach einem Anbieter für (Platzhalter) erkundigt haben?*
  - *Wie sind Sie bei Ihrer Suche vorgegangen? Was lief gut, was nicht? Wie wurden dabei einzelne Anbieter bewertet?*
  - *Wer war an Auswahl und Entscheidung beteiligt?*
- **Auswahlkriterien**:
  - *In welchen Leistungskriterien muss ein Anbieter für (Platzhalter) besonders überzeugend sein?*
  - *Welche Anbieter im Markt erfüllen diese Kriterien heute Ihrer Meinung nach?*
  - *Welche Auswahlkriterien werden für Sie in Zukunft noch wichtiger werden?*

Im Rampenlicht: Starbucks

Gegründet wurde Starbucks 1971 in Seattle, USA. Heute gibt es mehr als 36.000 Starbucks Coffeeshops in 84 Ländern der Welt (Starbucks, 2023). Obwohl das Unternehmen als globale Franchisekette fungiert, schafft es die Marke, konstant und immer wieder neu individuelle Kundenerlebnisse zu schaffen und wird von ihren Kunden dafür sehr geschätzt. Tiefe und langfristige Kundenbeziehungen sind Teil der Marken-DNA von Starbucks. Der Mensch und nicht allein die geschäftliche Transaktion stehen dabei im Vordergrund. Wie erreicht Starbucks das?

Sprache ist wichtig

Worte sind mächtig und Starbucks setzt die Macht der Sprache ganz bewusst ein. Beispielsweise werden die Mitarbeiter Partner genannt, was eine besondere Wertschätzung und Verbundenheit auf Augenhöhe zum Ausdruck bringen soll. Ein Geschäftspartner von Starbucks, der die Kunden von Starbucks als „User" tituliert hat, wurde von Howard Schulz, dem langjährigen CEO der Marke persönlich zurechtgewiesen, da ihn diese Bezeichnung gestört hat. Dieser trivial erscheinende Schritt mag als übermäßig detailversessen erscheinen, ist aber Teil eines konsequent auf den Menschen basierten Geschäftsmodells, in dem jede Kleinigkeit eine Rolle spielt.

Empowerment schlägt Regelwerk

Während Starbucks alles dafür tut, die Prozesse maximal einfach für alle Mitarbeiter im Kundenkontakt zu gestalten, werden diese gleichzeitig dazu aufgefordert, individuell in jeder einzelnen Interaktion auf die Bedürfnisse des Kunden einzugehen. Routinierte Prozesse schaffen dabei die nötigen Kapazitäten hierfür. Die menschliche Komponente der Interaktion wird dabei als Kernbestandteil der Marke deklariert. Gesehen und gehört werden sind zentrale Bedürfnisse aus Kundensicht, die Starbucks adressiert. So ist die Geste mit dem handgeschriebenen Namen für jeden Kunden auf dem Becher entstanden.

Die Gemeinschaft unterstützen

Obwohl Starbucks als globale Kette agiert, ist die Marke bestrebt, ein aktiver Teil der lokalen Gemeinschaft zu werden. Mit der Starbucks Foundation, die seit 1997 besteht, werden gemeinnützige Projekte gefördert. Die Stiftung konzentriert sich auf verschiedene Bereiche von der nachhaltigen Kaffee-, Tee- und Kakao-Erzeugung, der Förderung von lokalen gemeinnützigen Projekten bis zum Engagement im Katastrophenmanagement. ◄

4.3 Das Zielbild definieren

Kunden sollen zufrieden und am besten in möglichst vielen Momenten begeistert sein. Bis hierher würden die meisten CX-Verantwortlichen zustimmen. Doch die wenigsten gehen einen Schritt weiter und sind in der Lage, ganz konkret zu beschreiben, inwiefern ihre Kunden begeistert sein sollen bzw. wie genau das Kundenerlebnis ihrer Marke aussehen soll. Es macht daher Sinn, ganz konkret das Wahrnehmungszielbild für die eigene Marke zu definieren. Denn nur wer das Ziel kennt, kann sich auf den Weg dahin machen. Ein klares Ziel hilft nicht nur dabei, konkrete Maßnahmen und Anforderungen zu formulieren, sondern ermöglicht auch eine objektive Wirkungsmessung und Aussteuerung einzelner Maßnahmen.

4.3.1 Das Wahrnehmungszielbild für die Marke entwickeln

Das Wahrnehmungszielbild beschreibt das ideale Kundenerlebnis – gesamthaft auf einer übergeordneten Ebene und aus Sicht des Kunden. Zudem wird das Zielbild für jede einzelne Phase des Kundenerlebnisses heruntergebrochen (vgl. Abb. 4.3).

- Information- und Kommunikation
- Beratung & Vertragsabschluss
- Auslieferung & Installation
- Produktnutzung
- Service & Support

Die genaue Bezeichnung und die Gewichtung dieser Phasen können dabei je nach Branche variieren. Beispielsweise verläuft der Kauf eines Schokoriegels anders (keine Beratung) als ein Restaurantbesuch (keine Installation) oder die Einführung eines neuen ERP-System im B2B (umfassende Informationsphase).

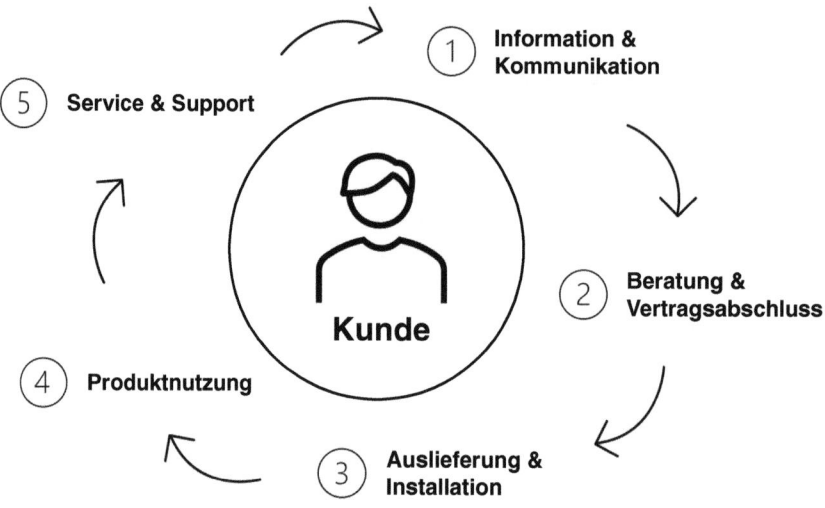

Abb. 4.3 Die fünf Kundenerlebnisphasen. (Quelle: Eigene Darstellung)

Das Konzept hilft uns, die Kundenbeziehung konsequent aus der Sicht des Kunden zu betrachten. Daneben gibt es ein paar weitere Vorteile:

- Die Klarheit der Methode führt zu einem besseren Verständnis der Bedeutung von Kundenfokus für den eigenen Funktionsbereich.
- Das konsequente Einnehmen der Kundenperspektive fördert das Aufdecken von übergreifenden Themen und Schnittstellenthematiken.
- Die funktionsübergreifende Zusammenarbeit erleichtert den Abbau von internen Silos.

Ziel ist es, von der Organisationsperspektive in die Kundenperspektive zu wechseln. Die Grundlage hierfür bildet die Übersetzung der strategischen Zielsetzung in ein übergreifendes Zielbild der Kundenwahrnehmung. Strategische Vorgaben wie beispielsweise der Kundenkompass werden in Form eines Zielbildes in Bezug auf das ideale Kundenerlebnis zugespitzt. Dieses Zielbild sollte aus Kundensicht relevant und differenzierend sein und es darf dabei durchaus ambitioniert formuliert werden. Die Ausgangsperspektive für das Zielbild ist dabei stets der Kunde: „So nehme ich die Marke wahr."

Betrachten wir als fiktives Beispiel eine Marke für Telekommunikationsdienstleistungen für Endkunden. Nennen wir sie *Tele.Brand*. Werfen wir zunächst einen Blick auf das Wahrnehmungszielbild insgesamt. Dieses könnte aus Kundensicht beispielsweise wie folgt lauten:

4.3 Das Zielbild definieren

> *„Tele.Brand ist Verbindung pur! Die haben nicht nur das überzeugendste Preis-Leistungs-Verhältnis, sondern geben mir immer wieder das Gefühl, dass ich nicht nur zahlender Kunde bin, sondern auch als Mensch wertgeschätzt und verstanden werde."*

Die Entwicklung des Zielbildes erfolgt idealerweise in einem co-kreativen Prozess mit Vertretern aller Funktionsbereiche und dem Management. Aus dem Wahrnehmungszielbild leiten funktionsübergreifende Arbeitsgruppen Maßnahmen und Erfolgskriterien zur Umsetzung des Zielbilds in den fünf Phasen des Customer Lifecycles ab. Dabei wird idealerweise auch ein Pate je Funktionsbereich bestimmt. Die definierten Maßnahmen werden inhaltlich und zeitlich konkretisiert und idealerweise anhand konkreter Messgrößen festgemacht. Für die Phasen des Kundenerlebnisses könnte dies für unser fiktives Beispiel der Marke *Tele.Brand* (Telekommunikationsanbieter) wie folgt aussehen:

- **Information- und Kommunikation:**
  „Bei Tele.Brand finde ich immer schnell das, was ich brauche. Produkte und Services werden anschaulich und transparent erklärt, was mir ein gutes Gefühl gibt und meine Entscheidung vereinfacht."
- **Beratung & Vertragsabschluss:**
  „Selbst als langjähriger Kunde bekomme ich regelmäßig Vorschläge und Angebote für Tarife mit noch besserem Preis-Leistungs-Verhältnis. Dass ich danach nicht fragen muss, sondern das automatisch passiert, macht Tele.Brand für mich sehr vertrauenswürdig. Ich fühle mich hier einfach gut aufgehoben"
- **Auslieferung & Installation:**
  „Lieferungen kommen immer schnell und pünktlich bei mir an. Ich werde über aktuelle Bearbeitungsstände zuverlässig und auf dem für mich passenden Kanal informiert. Die Installation und Inbetriebnahme sind sehr gut beschrieben und intuitiv durchzuführen."
- **Produktnutzung:**
  „Ich habe die Gewissheit, dass ich immer die beste Verbindung habe, auch im Ausland. Eine zuverlässige Netzabdeckung und hohe Datengeschwindigkeit geben mir immer wieder das Gefühl, die richtige Auswahl getroffen zu haben."
- **Service & Support:**
  „Die verwandeln meine Beschwerden in Begeisterung! Wenn mal etwas nicht klappt, bekomme ich immer eine schnelle Lösung und oft sogar eine kleine Entschädigung oder Aufmerksamkeit. Dadurch fühle ich mich immer wieder bestärkt in meiner Entscheidung für Tele.Brand. Der Service ist schnell, persönlich und unkompliziert. Hier wird einfach für mich mitgedacht."

Anhand dieser Zielbilder werden die aus Kundensicht entscheidenden Kontaktpunkte begeisternd gestaltet. Die Kernfrage ist dabei: *„Was kann ich in meiner Funktion dazu beitragen, die angestrebte Wahrnehmung zu erreichen?"* Es gilt also, basierend auf dem

Zielbild den Rückschluss zu Funktionsbereichen zu bilden. Mögliche Bereiche könnten im Beispiel von *Tele.Brand* folgende sein:

- **Information- und Kommunikation:**
  z. B. Marketingkommunikation, Marktforschung, Vertrieb
- **Beratung & Vertragsabschluss:**
  z. B. Vertrieb, Retail, Finanzen
- **Auslieferung & Installation:**
  z. B. Logistik, Service, Marketing, Technik
- **Produktnutzung:**
  z. B. Technik, Finanzen, Entwicklung
- **Service & Support:**
  z. B. Service, IT

An diesem Beispiel wird deutlich, wie der Perspektivwechsel vom Kunden ins Unternehmen gestaltet werden kann und wie definierte Zielbilder aus Kundensicht dabei helfen können, die bereichsübergreifende Zusammenarbeit zu fördern und gemeinsam in dieselbe Richtung zu laufen. Denn nur so sind begeisternde Kundenerlebnisse möglich.

Ein qualitativ formuliertes Wahrnehmungszielbild ist sehr wertvoll, denn es gibt uns ein greifbares Verständnis dafür, wie Kunden uns als Marke idealerweise wahrnehmen, auf einem übergeordneten und zukunftsbezogenen Level. Der Fortschritt der Erreichung dieses Zielbildes kann gemessen werden, und zwar beispielsweise anhand abgeleiteter Imageitems, mit denen die Ist-Wahrnehmung mit der Soll-Wahrnehmung aus Kundensicht verglichen wird, z. B. durch Tools wie Kundenbefragungen, Mystery Shopping oder Social Media Listening.

> ▶ **Perspektivwechsel** Stellen Sie sich vor, Sie hätten ein einheitliches Zielbild für das Kundenerlebnis, das für alle Abteilungen gleichermaßen gilt und gelebt wird. Sie haben damit immer eine gemeinsame Absprungbasis. Wie wird das die interne Zusammenarbeit verbessern? Welche Auswirkungen gibt es für das Erlebnis Ihrer Kunden?

4.3.2 Kundenerlebnisse systematisch analysieren und gestalten

Während ein Wahrnehmungszielbild die vereinfachte Version mit deutlicher Komplexitätsreduktion darstellt, kann dies in einem nächsten Schritt um eine Detaillierung der gesamthaften Customer Experience ergänzt werden, dem sogenannten Customer Journey Mapping. Das sind idealtypische Blaupausen des Kundenerlebnisses. Diese werden in übergreifenden Teams kollaborativ erarbeitet und dann Schritt für Schritt weiterentwickelt. Üblicherweise sollten Sie darin die folgenden Schlüsselelemente abdecken:

4.3 Das Zielbild definieren

- eine systematische Betrachtung der Schritte, die Kunden in ihrem Markenerlebnis durchlaufen,
- die Ziele und Bedürfnisse, die Kunden während dieser Reise erleben,
- die Identifikation der aus Kundensicht wichtigsten Kontaktpunkte (Moments of Truth),
- Lücken, Schwachstellen oder Herausforderungen, mit denen Ihr Kunde konfrontiert ist,
- der Grad der Kundenzufriedenheit und die Emotionen, die der Kunde im jeweiligen Schritt typischerweise erlebt,
- die Prozesse und Abteilungen bzw. Systeme des Unternehmens, die den jeweiligen Touchpoint definieren sowie
- Möglichkeiten und Potenziale zur Verbesserung der aktuellen Customer Journey.

Eine exemplarische Customer Journey Map ist zur Veranschaulichung der Bestandteile in Abb. 4.4 dargestellt.

Es wird ersichtlich, dass die Customer Journey Map eine deutlich höhere Komplexität aufweist als das Wahrnehmungszielbild. Beide Instrumente ergänzen sich gegenseitig und helfen, durch unterschiedliche Flughöhen und Konkretisierungsgrade verschiedene Stakeholder im Unternehmen abzuholen und zu befähigen.

Persona: Max, 41 — Tele.Brand

Kundenerlebnisphase	Information & Kommunikation	Beratung & Vertragsabschluss	Auslieferung & Installation	Produktnutzung	Service & Support
Ziele und Bedürfnisse	• Einfachheit • Schnelligkeit	• Vertrauen • Bestätigung	• Pünktlichkeit • Transparenz	• Kostenkontrolle • Flexibilität	• Schnelligkeit • Einfachheit
Kontaktpunkte	Online-Banner Website Social Media	Physischer Store Online Shop E-Mail	SMS Physisches Paket Social Media	Social Media	Social Media Webseite Telefon
Lücken/Herausforderungen	Unübersichtlichkeit Produktangebot	Öffnungszeiten und Anreise	Verbindlicher Zustelltermin	Erklärungsbedürftige Einrichtung	Lange Wartezeit in der Hotline
Emotionen und Kundenzufriedenheit	😐	🙂	☹	🙂	😐
Prozesse/Abteilungen	• Marketing • Kommunikation	• Vertrieb • Retail	• Lager • Logistik	• Entwicklung • Kundenservice	• Kundenservice • Entwicklung
Verbesserungspotenziale	Optimierung Marketing-Kampagne	Mystery Shopping	Verbesserung Liefergeschwindigkeit	Einführung FAQs	Verbesserung Antwortzeit

Abb. 4.4 Beispiel Customer Journey Mapping. (Quelle: Eigene Darstellung)

4.4 Kennzahlen zur Steuerung festlegen

Bei den quantitativen Messgrößen können wir unterscheiden zwischen sogenannten Input-Größen, bei denen wir den „Einsatz" messen können wie Anzahl der erreichten Märkte, Mitarbeiter oder Maßnahmen und den sogenannten Output-Größen, bei denen wir die externe Wirkung bzw. das Ergebnis der Inputs messen können, beispielsweise der Anteil der begeisterten Kunden oder der Net Promoter Score (vgl. Abb. 4.5) Auf beide Perspektiven wollen wir im Folgenden näher eingehen.

Input KPIs als Grundlage
Einfacher zu messen, aber auch weniger aussagestark sind die Input-KPIs. Sie kommen trotzdem regelmäßig im Rahmen vom laufenden Programmreporting zum Einsatz, wenn es um die Frage geht, was mit einer CX-Initiative erreicht wurde bzw. was der aktuelle Status dazu ist. Schauen wir uns zwei Beispiele dazu an.

- **Penetration bzw. Durchdringungsquote:** Sie beschreibt den Anteil der Mitarbeiter (Ist-Wert) der bereits mit dem Programm erreicht wurde, bezogen auf die Gesamtzahl der Mitarbeiter (Potenzial- bzw. Zielwert). Anhand dieser Durchdringungsquote lässt sich der Fortschritt der internen Vermittlung ablesen.
- **Projektmanagement-Kennzahlen:** in Bezug auf Zeit (z. B. Termintreue), Kosten (z. B. Kostenvarianz), Qualität (z. B. allgemeine Akzeptanz innerhalb der Zielgruppe): Vor allem das Kernteam eines CX-Programms sollte anhand ausgewählter Größen

Abb. 4.5 Unterscheidung von Input- und Output-Messgrößen. (Quelle: Eigene Darstellung)

4.4 Kennzahlen zur Steuerung festlegen

regelmäßig (z. B. monatlich) überwachen, ob sich ihr Programm in die richtige Richtung bewegt.

Output KPIs als die härtere Währung

Mit Output KPIs messen wir die Ergebnisse der CX-Maßnahmen. Wir lenken den Blick auf das, was schlussendlich als Ergebnis beim Kunden sichtbar und messbar wird. Dazu wollen wir im Folgenden fünf gängige Metriken diskutieren:

- **Kundenzufriedenheit (Customer Satisfaction) (CSAT)**
  Der Wert drückt aus, wie der Kunde eine Marke in Bezug auf das wahrgenommene Leistungsniveau (Ist) im Vergleich zu seinen Erwartungen (Soll) bewertet. Der Vorteil ist, dass Verantwortliche, als auch andere Kunden auf einen Blick das Ergebnis einordnen können. Meist wird der CSAT auf einer Fünferskala gemessen. Bekannte Beispiele sind die 5-Sterne Skalen von Google- oder Amazon-Bewertungen (vgl. Schneider und Henning 2008)
- **Kundenbindungsquote (Retention Rate)**
  Die Kennzahl bringt zum Ausdruck, wie hoch der Anteil der Erstkäufer einer Marke ist, die in der nächsten Periode wieder die Marke kaufen. Sie ist ein Maß dafür, wie ein Unternehmen Kunden über einen bestimmten Zeitraum bindet. Die Größe ist direkt mit der Abwanderungsrate verbunden: Je höher die Kundenbindung ist, desto niedriger ist die Abwanderungsrate. Wenn Ihre Abwanderungsrate beispielsweise 10 % über ein Jahr beträgt, bedeutet dies, dass 90 % der Kunden einem Unternehmen treu geblieben sind. Damit liegt die Retention Rate bei 90 %. (vgl. Schneider und Henning 2008)
- **Abwanderungsquote (Churn Rate)**
  Die Kundenabwanderungsrate spiegelt wider, wie viel Prozent der Kunden dem Unternehmen im Betrachtungszeitraum den Rücken kehren bzw. deren Produkte und Dienstleistungen nicht mehr nutzen. Die Betrachtung der Abwanderungsquote ist von entscheidender Bedeutung, da es allgemein deutlich effizienter ist, bestehende Kunden zu halten, als neue Kunden zu gewinnen. (vgl. Schneider und Henning 2008)
- **Net Promoter Score (NPS)**
  Der NPS wurde entwickelt, um Kundenzufriedenheit einfach und schnell zu messen und wird anhand von zwei Fragen erhoben. Die erste Frage lautet: „Wie wahrscheinlich ist es, dass Sie unser Produkt einem Freund oder Kollegen weiterempfehlen werden?" (mit einer Punktzahl von 0 bis 10) und „Warum haben Sie diese Punktzahl gegeben?" Kunden, die mit einer 6 oder weniger antworten, sind Kritiker, eine 7 oder 8 wird als Passiv (Indifferente) bezeichnet und eine 9 oder 10 sind sogenannt Promotoren. Um den NPS zu berechnen, subtrahieren wir den Prozentsatz der Kritiker vom Prozentsatz der Promotoren (vgl. Nenninger und Seidel 2022)
- **Customer Lifetime Value (CLV)**
  Der Wert quantifiziert den Deckungsbeitrag, den ein Kunde während der gesamten Beziehung zur Marke generiert. Die Berechnung des CLV erfolgt in seiner komplexeren Form dynamisch, also basierend auf der Kapitalwertmethode. So dient der

Wert zur Beurteilung der Wirtschaftlichkeit einer Geschäftsbeziehung. Dabei werden zukünftige Ein- und Auszahlungen im Rahmen der Kundenbeziehung vorhergesagt, mit einem Kalkulationszinsfuß abgezinst und aufaddiert. Anhand des sich daraus ergebenden Kapitalwertes kann die Geschäftsbeziehung mit dem Kunden im Hinblick auf ihre Profitabilität beurteilt werden. In der Akquisitionsphase kann der Kundenwert beispielsweise negativ sein, während er in der Phase der Kundenbindung sehr hoch ist. Diesen Ansatz verwenden oft Unternehmen, die über umfassende Kundendaten verfügen, beispielsweise Versicherungsgesellschaften (vgl. Schneider und Henning 2008)

Neben den oben genannten singulären Größen gibt es auch kombinierte Metriken wie beispielsweise den Customer Centricity Score (CCScore) der Hochschule Luzern (Hochschule Luzern 2023). Diese Größe misst den Grad der Kundenzentrierung und gibt ferner Aufschlüsse auf die Ursachen. Anhand einer Faktorenanalyse werden die Treiber von Kundenzentrierung ermittelt. Sie bilden die Grundlage zur Bestimmung des CCScores. Die Faktoren lassen sich dabei drei Gruppen zuordnen:

- **Leadership**
  Führung als Rahmenbedingung und Grundlage für Kundenzentrierung (dazu gehören Verankerung, Offenheit, Befähigung, Verpflichtung und Anreize)
- **Collaboration**
  Die Art der Zusammenarbeit im Unternehmen als wesentlicher Treiber für Kundenzentrierung (dazu gehören Toleranz, Lernkultur, Konsequenz, übergreifende Zusammenarbeit, Touchpoint Interaktion)
- **Implementation**
  Die Schaffung von Kundenerlebnissen auf Basis vorher definierter Abläufe und Systeme (dazu gehören System-Unterstützung, Kundenwissen, Erlebnisgestaltung, Kundenintegration, persönliche Agilität)

Der Score selbst errechnet sich daraus auf einer Skala von -100 (100 % verneinende Antworten) bis +100 (100 % zustimmende Antworten). Die Erhebung ist insgesamt eher aufwendig und wird stark vom internen Antwortverhalten beeinflusst.

Quantitative Messgrößen schrittweise einführen
Empfehlenswert ist es, im Rahmen Ihres CX-Programms zunächst auf Messgrößen zurückzugreifen, die bereits vorhanden (z. B. Kundenzufriedenheit) oder einfach zu erheben sind (z. B. die Durchdringungsquote), um möglichst schnell positive Entwicklungen messen zu können und auch um Fortschritte kommunizieren zu können (vgl. Abschn. 3.4). Es muss dafür nicht alles auf einmal gemessen werden, denn

> *„Nicht alles, was zählt, kann man zählen. Und nicht alles, was man zählen kann, zählt"*

so Albert Einstein. Zu Beginn ist es daher sinnvoll, wenige, dafür konkrete Ziele zu definieren, und zwar solche, bei denen idealerweise eine Vorher-/Nachher-Messung möglich ist. Das bedeutet, dass Sie die Zielgrößen im Rahmen der Bestandsaufnahme vorher bereits im Rahmen einer Nullmessung erfasst haben sollten, um so eine Veränderung messen zu können. Das gilt sowohl für qualitative als auch quantitative Ziele. Durch diese Nullmessung haben Sie die Möglichkeit, gleich zu Beginn die Veränderungswirkung zu messen (z. B. in puncto Kundenzufriedenheit).

4.5 Kundenerlebnisse agil steuern mit OKRs

Erfolgsmessung hat für die Verantwortlichen eine hohe Priorität. Hohe Komplexität, vielfältige Beteiligte aus unterschiedlichen Bereichen und schnelle Veränderungen des Umfelds erfordern zum einen ein präzises Verständnis darüber, was erfolgreiche Kundenerlebnisse ausmacht und zum anderen Klarheit darüber, durch welche Faktoren dieses gesteuert werden kann. Die Steuerung von Kundenerlebnissen kann dadurch schnell sehr komplex werden.

Agiles Management im Prozess
Das OKR-Modell ist eine schlanke Methode, mit der Sie in kurzer Zeit und mit begrenzten Ressourcen durch einen klaren Fokus sehr viel erreichen können. Diese Methode kann auf unterschiedlichen Ebenen und Disziplinen zum Einsatz kommen. Vor allem für die anspruchsvolle Disziplin des Customer Experience Managements eignet sich die Methode hervorragend. Das „O" steht dabei für Objectives und beantwortet die Frage nach den Zielen. „KR" steht für Key Results, also die Meilensteine, anhand derer objektiv ersichtlich wird, ob bzw. wie gut die Ziele erreicht wurden. Im Idealfall helfen OKRs bei der Vernetzung der gesamten Organisation: vertikal, horizontal, diagonal. Im Ergebnis entsteht ein lebendiger und transparenter Prozess, der Vision und strategische Ziele auf Unternehmensebene mit dem Tagesgeschäft der Mitarbeiter verbindet. (vgl. Abb. 4.6 und Doerr 2018).

OKRs im CX-Management – Ein Beispiel
Betrachten wir noch einmal das Beispiel der fiktiven Marke *Tele.Brand*: Das Unternehmen hat sich zum Ziel gesetzt, Kunden zu begeistern (Objective). Um dieses Ziel zu erreichen, hat die Organisation auf Unternehmensebene drei Meilensteine (Key Results, KR) definiert:

- **Key Result 1**
  Steigerung des Net Promoter Scores auf 50 oder höher
- **Key Result 2**
  Kundenbewertung insgesamt bei 4,5 oder besser

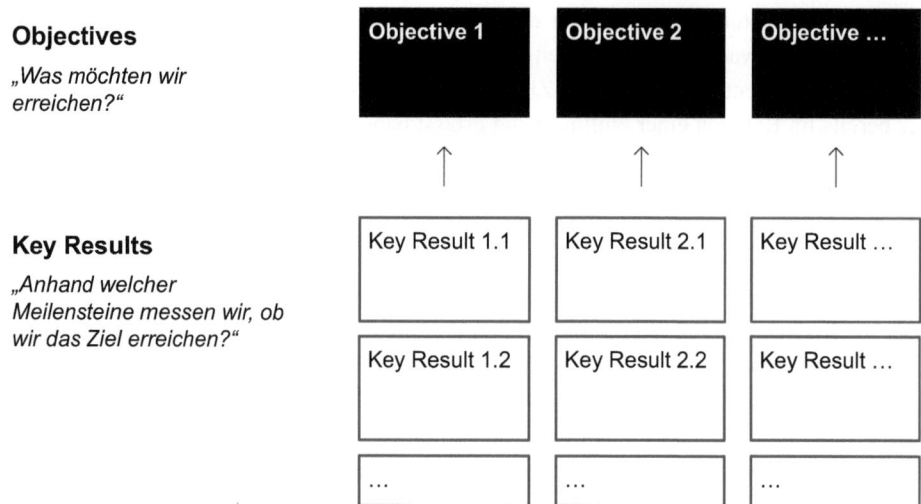

Abb. 4.6 Die OKR-Methode im Überblick. (Quelle: Eigene Darstellung)

- **Key Result 3**
  Kundenloyalität besser als der Durchschnitt der Top-3-Wettbewerber

Die Abteilung Kundenservice erkennt in der nächsten Stufe für sich sein hohes Einflusspotenzial für Kundenbegeisterung. Das Key Result 2 beispielsweise soll daher aus Kundenservice-Sicht wie folgt weiter konkretisiert werden. Hierfür wird das Key Result 2 weiter konkretisiert und auf Kundenservice-Ebene zu einem Objective. Im nächsten Schritt wird dieses Objective wiederum in mehrere Key Results auf Abteilungsebene übersetzt:

- **Key Result 1**
  Kunden-Support-Tickets werden innerhalb von 2 Stunden oder weniger beantwortet
- **Key Result 2**
  Erhöhung der durchschnittlich pro Tag geschlossenen Tickets pro Support-Team-Mitglied und Monat auf 25
- **Key Result 3**
  Alle Service-Berater haben einen persönlichen CSAT-Wert von 95 % oder höher (KR3)

In einem weiteren Schritt können diese Key Results auf Team- und/oder Mitarbeiter-Ebene heruntergebrochen werden.

Mithilfe der OKR-Methode ist es also möglich, umfassende Ziele auf Unternehmensebene schrittweise in konkrete Maßnahmen für das Tagesgeschäft bis zum einzelnen Mitarbeiter konkret und greifbar zu machen. Die Beteiligten haben dadurch nicht nur einen klaren Fokus, wie sie ihre Ressourcen einsetzen sollen, sie wissen ferner zu jeder Zeit, wie die eigene Arbeit mit den langfristigen Zielen der Marke zusammenhängt.

Klarheit schafft Commitment
Wie das fiktive Beispiel zeigt, bündeln OKRs die Aktivitäten verschiedener Abteilungen und Mitarbeiter hin zu gemeinsamen Zielen. So wird die Zusammenarbeit untereinander gefördert und Silodenken aufgebrochen. Dadurch, dass jedem Mitarbeiter zu jedem Zeitpunkt der eigene Beitrag zum großen Ganzen klar ist, wird die intrinsische Motivation gesteigert – zumal OKRs nicht nur Top-Down operationalisiert werden, sondern einzelne Mitarbeiter und Teams diese auch von unten nach oben mitgestalten.

Fokus und Transparenz
Durch eine klare Beschränkung auf wenige, wichtige Ziele und Meilensteine wird es für Teams und Mitarbeiter unmöglich, im operativen Tagesgeschäft die Ziele aus den Augen zu verlieren. Vielmehr sorgen Klarheit, offene Kommunikation und konsequente Umsetzung für eine Kultur des Machens. Sobald neue Aufgaben auf einen Mitarbeiter zukommen oder dieser sich unsicher ist bezüglich der Ausgestaltung von Details einzelner Aufgaben oder Projekte, kann dieser sich fragen: „Was kann ich tun, damit wir die Ziele erreichen?"

Ambitionierte Ziele und Fehlerkultur
Ein Tipp für die Praxis: Die Ziele dürfen gerne ehrgeizig gewählt werden und sollen sich ein wenig unbequem anfühlen. Denn diese führen zu besseren Leistungen als einfach zu erreichende Ziele, fand John Doerr heraus, einer der Pioniere der OKR-Methode (Doerr 2018). Oder, um es mit den Worten von Larry Page, einem der Gründer von Google und großem OKR-Verfechter, zu sagen: „Wenn man sich ein verrücktes, ambitioniertes Ziel setzt und es verfehlt, wird man dennoch etwas Bemerkenswertes erreichen." OKRs helfen CX-Verantwortlichen dabei, durch klare Konzentration auf wesentliche Ziele eine konsequente, schnelle und messbare Umsetzung ihrer Maßnahmen sicherzustellen. Die Erreichung der Ziele und Überprüfung der Maßnahmen wird dabei regelmäßig in den Teams reflektiert, in der Regel in 3-Monats-Zyklen.

Die Erfolgsfaktoren für CX-Verantwortliche, die OKRs einführen wollen
1. Schaffen Sie eine klare Zuordnung der kundenbezogenen OKRs mit den Unternehmenszielen.
2. Holen Sie sich das Commitment des Managements zu Beginn der Einführung (Top Down).
3. Beziehen Sie Ihre einzelnen Teams und Mitarbeiter anschließend in die OKR-Entwicklung mit ein (Bottom Up).
4. Sorgen Sie für eine regelmäßige und transparente Kommunikation.
5. Etablieren Sie geeignete Routinen und Kanäle, die Ihnen dabei helfen, OKRs langfristig im Unternehmen zu manifestieren.

4.6　Die Stimme des Kunden mit VOC ins Unternehmen holen

VOC steht für Voice of the Customer bzw. die Stimme des Kunden. Ein VOC-Programm beschreibt den Prozess, die Kundenwahrnehmung einzufangen und das Ergebnis ins Unternehmen zurückzuspiegeln. Kunden geben jeden Tag Feedback. Feedback ist ein Geschenk. Mit dem VOC-Ansatz wird Kundenfeedback systematisch erfasst und genutzt. Und das macht Sinn, denn nur eine Marke, die die Bedürfnisse seiner Kunden genau kennt, kann diese auch erfüllen und manchmal vielleicht sogar übertreffen. Bei VOC-Programmen geht es also darum, die Kundenwahrnehmung holistisch und kontinuierlich zu messen. Dabei entsteht transaktionales Feedback, d. h. eine Rückkopplung, die von spezifischen Kunden an spezifischen Anlässen über spezifische Kontaktpunkte erfolgt. Mit diesem Feedback können Maßnahmen laufend gesteuert und so entsprechend den Erfordernissen angepasst werden. Marken bekommen somit wertvolle Einblicke in die Welt des Kunden. Ferner können sie damit dem Kunden gegenüber eine Form der Wertschätzung ausdrücken und im besten Fall das Vertrauen stärken, wenn Kunden das Gefühl bekommen, dass ihre Meinung geschätzt und ernst genommen wird. Die Stimme des Kunden zu nutzen, ist in der Umsetzung manchmal nicht ganz einfach. Viele Marken bitten ihre Kunden entweder gar nicht oder zu ungünstigen Zeiten bzw. in ungünstigen Zeitabständen um Feedback. Man kann den Kunden auch zu häufig oder zu ausführlich um Feedback fragen und so ungewollte Irritationen erzeugen. Eine weitere Schwierigkeit in der Praxis ist die konsequente Berücksichtigung des Kundenfeedbacks in der Form der Weiterentwicklung von Kontaktpunkten oder Customer Journeys. Denn die optimale Form der Erhebung des Kundenfeedbacks ist nur die Grundlage, auf die Umsetzung des Feedbacks durch abgestimmtes und kundenfokussiertes Handeln kommt es letztendlich an.

Alle verfügbaren Datenquellen anzapfen
Direkte als auch indirekte Stimmen des Kunden sollen in einem VOC-Programm erfasst werden, vgl. Abb. 4.7.

Der Implementierungsaufwand für die Einführung eines VOC-Programms kann dabei sehr unterschiedlich ausfallen und lässt sich anhand spezifischer Parameter festmachen:

- Anzahl der zu integrierenden Kundengruppen (z. B. Stammkunden)
- Anzahl der zu integrierenden Branchen/Geschäftszweige (z. B. Privatkundensegment)
- Anzahl der zu integrierenden Länder/Regionen (z. B. Westeuropa)
- Breite und Tiefe der Messung (siehe Beispielfragen unten)

Als Fragen, die gestellt werden können, kommen ganz unterschiedliche in Betracht. Im Folgenden sind ein paar Beispiele aufgeführt. Dabei gilt es zu bedenken, die Befragung nicht mit zu vielen Fragen zu überladen, da dies für den Befragten abschreckend wirken kann.

4.6 Die Stimme des Kunden mit VOC ins Unternehmen holen

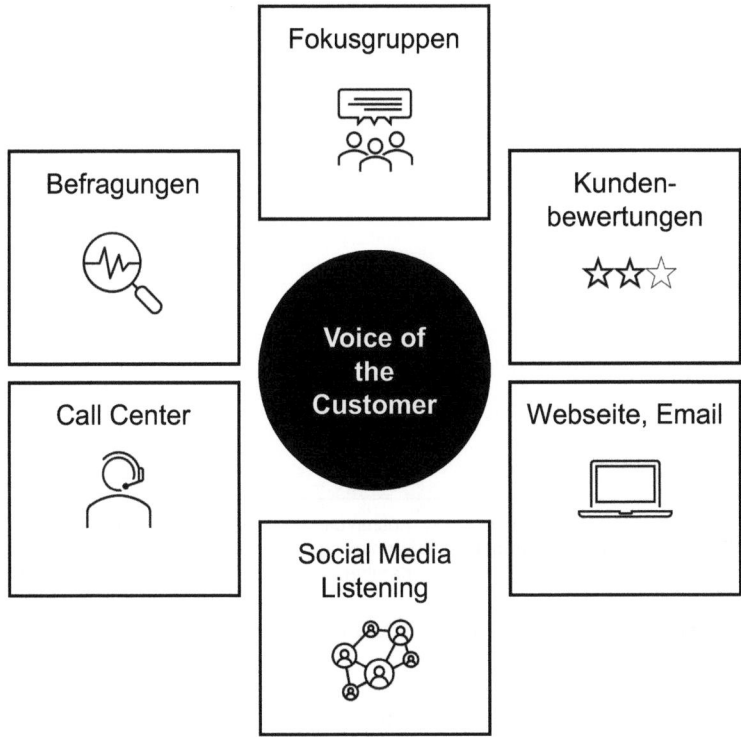

Abb. 4.7 Mögliche Datenquellen im VOC-Programm. (Quelle: Eigene Darstellung)

- *Wie wahrscheinlich ist es, dass Sie unser Produkt einem Freund oder Kollegen weiterempfehlen werden? Warum haben Sie diese Punktzahl gegeben?* (= NPS)
- *Wie zufrieden sind Sie mit unserem Produkt?* (= CSAT)
- *Wie zufrieden sind Sie mit dem letzten Erlebnis (z. B. Besuch, Servicetermin) mit unserer Marke?*
- *Wo haben Sie als erstes von unserem Angebot erfahren?*
- *Was hat Sie bei Ihrer Entscheidung am stärksten beeinflusst?*
- *Wo waren Sie früher Kunde und weshalb sind Sie dort nicht mehr?*
- *Wo sind Sie für die gleiche Leistung neben uns noch Kunde?*
- *Was würden Sie bei uns verändern bzw. verbessern?*
- *Worauf möchten Sie bei uns am wenigsten verzichten?*

Erfolgsfaktoren für CX-Verantwortliche, die ein VOC-Programm nutzen möchten
1. Die Möglichkeiten, Feedback einzuholen sind sehr vielfältig, aber nicht alle davon sind sinnvoll. Lassen Sie den Kunden mitreden bei der Auswahl der Kanäle und der Kontakthäufigkeit.

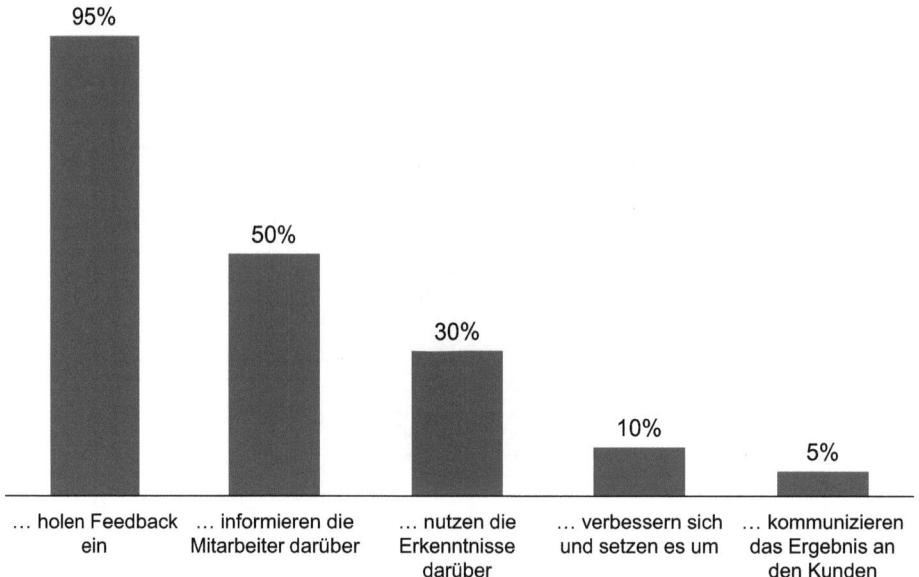

Abb. 4.8 Umgang mit Kundenfeedback. (Quelle: Eigene Darstellung)

2. Machen Sie eine Lösung aus einem Guss, d. h. die technische Umsetzung orientiert sich an den konzeptionell definierten Grundlagen bzw. Anforderungen, nicht andersherum.
3. Erfassen Sie Erkenntnisse zentral in einer Plattform für alle Kundenfeedbacks und Erkenntnisse.
4. Nutzen Sie die Erkenntnisse, um sie aktiv in die Organisation zurückzuspielen, in der Breite sowie an konkret verantwortliche Bereiche, denn Kundenfeedback ist nur sinnvoll, wenn es auch gehört wird. Wie Abb. 4.8 zeigt, passiert genau das leider in den seltensten Fällen in Unternehmen. (vgl. Gartner 2017)

▶ **Perspektivwechsel** Sind Sie ein guter Zuhörer? Wenn Sie die Stimme des Kunden hören – ob gewollt oder zufällig – ob in positiver oder negativer Weise – hören Sie dann zu oder hören Sie weg? Ignorieren Sie das Feedback oder fühlen Sie sich zuständig, setzen sich konstruktiv damit auseinander, dokumentieren und kommunizieren Sie Kundenstimmen bei Ihnen im Unternehmen?

4.7 Checklisten und Tools für die praktische Umsetzung

Zur konkreten, individuellen Umsetzung und Hilfestellung im Alltag sind im folgenden Teil Checklisten zur Selbstreflexion aufgeführt. Wenn Sie mit Kunden (intern und externe) interagieren, haben Sie die Chance etwas zu bewegen. Sie haben die Möglichkeit,

4.7 Checklisten und Tools für die praktische Umsetzung

eine Verbindung mit Ihrer Marke zu schaffen. Kundenverbundenheit ist eine Haltung, die Individuen dazu befähigt, sich in die Lage ihrer Kunden zu versetzen und ihnen bestmögliche Lösungen anzubieten. Eine kundenverbundene Arbeitsweise ist daher von entscheidender Bedeutung, um das Vertrauen und die Loyalität der Kunden zu gewinnen. Die folgenden Checklisten helfen dabei, als Mitarbeiter und Führungskraft kundenverbunden zu agieren:

1. Checkliste: Kundenerwartungen besser verstehen
2. Checkliste: Meinen Beitrag zum Wahrnehmungsziel kennen
3. Checkliste: Mein individueller Beitrag zum Purpose
4. Checkliste: Verhalten: Die Basics beherrschen
5. Checkliste: Kundenkompass anwenden
6. Checkliste: Allgemeine Service-Qualität
7. Checkliste: Mit Kundenproblemen umgehen
8. Checkliste: Wow-Momente reflektieren
9. Checkliste: Auf der Suche nach Verbesserungen
10. Checkliste: Mein Mindset überprüfen
11. Checkliste: Meine Aufgaben als Führungskraft
12. Checkliste „Starfish" Retrospektive

4.7.1 Die Kundenerwartungen besser verstehen

Eine wichtige Grundlage jeder Kundeninteraktion ist es, die Erwartungen der Kunden an Ihre Marke, die Produkte und Dienstleistungen genau zu kennen. Für Kundenbegeisterung muss man den Kunden, der vor einem steht, erst einmal grundlegend kennen und einordnen. Dabei können ein paar Fragen helfen (vgl. Dixon 2022) Oft passiert dies unterbewusst. Die bewusste Auseinandersetzung mit diesen Fragen ist jedoch vor und während einer Kundeninteraktion sehr wertvoll. Die folgende Checkliste bietet Hilfestellung dazu anhand ausgewählter Reflexionsfragen (vgl. Abb. 4.9).

Bei Ritz-Carlton werden Mitarbeiter dazu angehalten, Kundenbedürfnisse, Wünsche und Vorlieben systematisch zu erfassen. Dafür gibt es spezielle Fragebögen, anhand derer Erkenntnisse gesammelt und in ein weltweit einheitliches CRM-System eingegeben werden. Dazu gehören beispielsweise die folgenden Kategorien (vgl. Rouhana (2021) und Michelli (2008)):

- **Persönliche Informationen**
  z. B. Kontaktdetails eines Gastes über die geschäftliche Visitenkarte
- **Routinen**
  z. B. regelmäßige Gewohnheiten wie der Morgenspaziergang eines Gastes, der immer um die gleiche Zeit stattfindet
- **Events**
  z. B. besondere Anlässe wie der Geburtstag oder der Hochzeitstag eines Gastes

	Meine Antwort
Wer ist mein Kunde? Was ist er für ein Mensch?	
Was braucht mein Kunde (gerade) von mir?	
Welches Problem kann ich für diesen Kunden lösen?	
Wie kann ich für diesen Kunden den positiven Unterschied machen, so dass ich ein bleibendes Kundenerlebnis schaffe?	
In welchem Stadium der Kaufentscheidung befindet sich mein Kunde aktuell?	

Abb. 4.9 Checkliste Kundenerwartungen. (Quelle: Eigene Darstellung)

- **Bevorzugte Speisen und Getränke**
  z. B. anhand der Bestellungen und Essgewohnheiten eines Gastes
- **Bedürfnisse**
  z. B. durch explizit geäußerte Wünsche und Beschwerden eines Gastes

Anhand dieser Kategorien versucht Ritz-Carlton den Kunden bzw. Gast möglichst gut kennenzulernen, und zwar auf eine unauffällige und unaufdringliche Weise. Einem Gast, der beispielsweise im Ritz-Carlton Berlin war und dort vor allem die grünen Weintrauben aus dem Obstkorb auf dem Zimmer gegessen hat, kann es etwa passieren, dass er bei seinem nächsten Besuch eines Ritz-Carlton Hotels an einem anderen Ort auf der Welt besonders viele grüne Weintrauben bekommt. So kann ein Überraschungsmoment entstehen, da der Gast mit hoher Wahrscheinlichkeit nicht damit rechnet, so viel persönliche und dabei unaufdringliche Aufmerksamkeit zu bekommen. Die Grundlage dafür ist es, den individuellen Kunden und seine Erwartungen genau zu verstehen.

4.7.2 Meinen Beitrag zum Wahrnehmungsziel kennen

Wie wir in Abschn. 4.3. gesehen haben, ist das Wahrnehmungszielbild eine wichtige Übersetzungshilfe dabei, relevante und differenzierende Erlebnisse aus Kundensicht zu schaffen. Nach der allgemeinen Formulierung kann es als Vorlage und Inspiration für

Mitarbeiter dienen, um den eigenen Beitrag dazu herausarbeiten zu können und mögliche Potenziale für die Zukunft aufdecken zu können. Die folgende Checkliste hilft dabei, Verhaltensweisen zu identifizieren, die in den jeweiligen Kundenerlebnisphasen zu Enttäuschung, Zufriedenheit oder Begeisterung führen. Sie kann dafür genutzt werden, eigene Verhaltensweisen abzugleichen und entsprechend zu optimieren (vgl. Abb. 4.10).

	Verhaltensweisen, die zu Enttäuschung führen	Verhaltensweisen, die Erwartungen erfüllen	Verhaltensweisen, die Erwartungen übertreffen
Informations- und Kommunikationserlebnis			
Beratungs- und Verkaufserlebnis			
Auslieferungs- und Installationserlebnis			
Produkt- und Verwendungserlebnis			
Service- und Supporterlebnis			

Abb. 4.10 Checkliste Wahrnehmungszielbild. (Quelle: Eigene Darstellung)

4.7.3 Mein individueller Beitrag zum Purpose

Jede Job-Rolle hat im Rahmen der Stellenbeschreibung in der Regel klar definierte Aufgaben. Neben diesen Aufgaben, die ein Mitarbeiter erfüllen muss, ist es sehr hilfreich, sich auch den übergeordneten Purpose, also den Beitrag zum Kundenerlebnis in seiner Rolle bewusst zu machen. Die Aufgabe einer Servicekraft in einem Restaurant ist es beispielsweise, den Gästen Speisen und Getränke zu servieren. Der übergeordnete Purpose ist es, Menschen zusammenzubringen, damit sie eine gute Zeit haben. Mithilfe der Abb. 4.11 können Sie Ihre Rolle, Ihre wichtigsten Aufgaben und Ihren Beitrag zum Purpose in Bezug auf das Erlebnis Ihrer Kunden reflektieren.

	Meine Antwort
Meine Rolle	
Meine wichtigsten Aufgaben	
Mein individueller Beitrag zum Purpose	

Abb. 4.11 Aufgabe vs. Purpose. (Quelle: Eigene Darstellung)

4.7.4 Verhalten: Die Basics beherrschen

Spielen Sie von Zeit zu Zeit selbst ihr kritischstes Gegenüber und bewerten Sie sich selbst. Sind Sie der Meinung, dass Sie die unten genannten Verhaltensgrundlagen bereits voll erfüllen oder sehen Sie für sich noch Handlungsbedarf? Wie könnte dieser aussehen? Sie können mithilfe der Abb. 4.12 die einzelnen Kriterien für sich bewerten.

4.7.5 Kundenkompass anwenden

Der Kundenkompass, den wir in Abschn. 2.6 diskutiert haben, ist die Grundlage für die Schaffung konsistenter, markentypischer Kundenerlebnisse. Beschreiben Sie im Folgenden Ihren Erfüllungsgrad und Ihre Interpretation in Bezug auf den Purpose bzw. den Daseinszweck Ihrer Marke sowie die Verhaltensprinzipien, vgl. Abb. 4.13.

4.7.6 Allgemeine Service-Qualität

Um die Qualität Ihrer Kundeninteraktionen regelmäßig und strukturiert zu überprüfen, empfiehlt es sich, regelmäßig die eigenen Kundeninteraktionen zu bewerten und zu hinterfragen. Beispielhafte Kriterien dazu finden Sie in Abb. 4.14.

4.7.7 Mit Problemen umgehen

Ihre unzufriedensten Kunden sind Ihre größte Lernquelle. Probleme, Beschwerden, schwierige Momente beinhalten oft eine gewisse Spannung. Doch wenn sie gut gelöst werden, haben sie echtes Begeisterungspotenzial. Gerade weil sie emotionsgeladen sind,

4.7 Checklisten und Tools für die praktische Umsetzung

Kategorie	Subkategorie	Erfüllungsgrad (in Prozent)	Mein Handlungsbedarf
Kleidung	Meine Kleidung wird dem Anspruch der Marke gerecht		
Arbeitsplatz	Mein Arbeitsplatz ist aufgeräumt, sauber und wirkt einladend		
Konkrete Handlungen	Ich achte auf Begrüßung, Freundlichkeit, Zuverlässigkeit, Aufmerksamkeit und Lösungsorientierung		
Allgemeiner Auftritt	Ich achte auf Lächeln, Offenheit, Freundlichkeit		
Sprache	Ich spreche angemessen laut und deutlich und vermeide zu starken Dialekt		

Abb. 4.12 Selbstcheck Verhaltensbasics. (Quelle: Eigene Darstellung)

braucht es einen strukturierten Prozess zur Lösung. Abb. 4.15 kann zur Reflektion herangezogen werden und Hilfestellung dafür geben (Quelle: in Anlehnung an Dixon (2022) und Michelli (2008)).

4.7.8 Wow-Momente reflektieren

Wir neigen dazu, Kundensituation nur dann besonders zu analysieren, wenn etwas schiefgegangen ist. Genauso wertvoll ist es jedoch, besonders positive Momente zu reflektieren. So werden die Chancen größer, diese Momente noch öfter und bewusster zu kreieren (vgl. dazu Abb. 4.16).

4.7.9 Auf der Suche nach Verbesserungen

Neue Ideen und Verbesserungsvorschläge kommen oft von der Front, d. h. von den Kollegen, die täglich im Kundenkontakt stehen. Die besten Marken haben dies erkannt und

	Erfüllungsgrad (in Prozent)	Mein Bezug/Interpretation dazu
Purpose:		
Verhaltensprinzip 1:		
Verhaltensprinzip 2:		
Verhaltensprinzip 3:		
Verhaltensprinzip 4:		
Verhaltensprinzip 5:		

Abb. 4.13 Mein Verständnis vom Kundenkompass. (Quelle: Eigene Darstellung)

ermutigen alle Mitarbeiter zu einer regelmäßigen Suche nach neuen, innovativen Lösungen, Abb. 4.17 gibt einen Überblick anhand geeigneter Reflexionsfragen (vgl. Dixon (2022).

4.7.10 Mein Mindset überprüfen

Unser Mindset umfasst Glaubenssätze und Überzeugungen, die unseren Handlungen zugrunde liegen. Man hat immer ein Mindset, ob man will oder nicht. Henry Ford hat es im folgenden Satz prägnant zusammengefasst:

„Whether you think you can, or you think you can't – you're right"

Damit wird auch klar, welchen Einfluss das Mindset auf unser Verhalten hat. Abb. 4.18 beinhaltet einige Reflexionsfragen zum Thema Mindset im CX-Kontext (in Anlehnung an Dixon (2022)).

Das eigene Mindset zu verändern, ist keine leichte Sache. Dafür braucht es Geduld und Übung. Oftmals handelt es sich um tief verwurzelte Überzeugungen, die sich

4.7 Checklisten und Tools für die praktische Umsetzung

Kategorie	Kriterium	Erfüllungsgrad (in Prozent)	Mein Handlungsbedarf
Effektivität	Ich habe das Kundenproblem gelöst.		
	Ich habe dem Kunden geholfen.		
	Ich habe den Aufwand für den Kunden reduziert.		
Effizienz	Ich habe das Anliegen möglichst schnell gelöst.		
	Die Wartezeit für den Kunden war gering.		
	Ich habe klar und verständlich kommuniziert.		
Auslastung	Die Anzahl meiner Kundeninteraktionen war angemessen.		
	Ich konnte eine angemessene Zahl an Probleme/Anfragen beantworten.		
	Das Verhältnis zwischen Produktivzeit und administrativer Zeit war angemessen.		

Abb. 4.14 Checkliste allgemeine Servicequalität. (Quelle: Eigene Darstellung)

im Laufe der Zeit eingeprägt haben und die „überschrieben" werden müssen. Ein paar Dinge können dabei helfen, das eigene Mindset zu verändern:

- Reflexion:
  Wie sehen Ihre derzeitigen Überzeugungen und Einstellungen aus (siehe Abb. 4.18)?
- Definition:
  Beschreiben Sie Ihr zukünftig Ziel-Mindset. Welche Überzeugungen und Einstellungen möchten Sie in Zukunft haben?
- Achtsamkeit:

Schritt	Kriterium	Erfüllungsgrad (in Prozent)	Mein Handlungsbedarf
1. Zuhören	Ich verstehe das Problem des Kunden und versetze mich in ihn hinein.		
2. Entschuldigen	Ich nehme das Problem an, auch wenn ich es nicht verursacht habe und entschuldige mich aufrichtig beim Kunden.		
3. Lösen	Ich behebe das Problem mit allen Möglichkeiten die ich in der Hand habe, so schnell es geht.		
4. Nachfassen	Ich fasse zu gegebener Zeit proaktiv beim Kunden nach, ob das Problem gelöst wurde und ob er zufrieden mit der Lösung ist.		

Abb. 4.15 Checkliste Problembehandlung. (Quelle: Eigene Darstellung)

Achten Sie bewusst auf Ihre Gedanken und Gewohnheiten im Alltag. Machen Sie sich immer wieder bewusst, dass Sie in jeder Situation selbst entscheiden können, wie Sie reagieren.

- Training:
Ein neues Mindset zu etablieren erfordert Übung und Geduld. Nehmen Sie sich kleine Ziele vor und entwickeln Sie sich Schritt für Schritt weiter. Auch Rückschläge gehören dazu und sind Teil des Prozesses.

4.7.11 Meine Aufgaben als Führungskraft

Wie wir gesehen haben, spielen Sie als Führungskraft eine besonders wichtige Rolle, um kundenverbundene Erlebnisse zu schaffen. Sie nehmen eine Schlüsselrolle dabei ein, die Kultur in Ihrem Unternehmen zu gestalten und treffen jeden Tag Entscheidungen, die das Kundenerlebnis positiv oder negativ beeinflussen. Hier sind einige zentrale Punkte, die Sie als Führungskraft dabei beachten sollten, vgl. Abb. 4.19.

4.7 Checklisten und Tools für die praktische Umsetzung

	Reflexionsfrage	Meine Antwort
Identifikation Wow-Moment	Was sind die Wow-Momente, in denen Ihre Kunden begeistert wurden?	
Identifikation des eigenen Beitrags	Was war mein Beitrag dazu, dass der Kunde begeistert war? Was davon war in meinem direkten Einflussbereich und was nicht (z.B. Begeisterung durch das Produkt selbst)?	
Transfer	Welche positiven Verhaltensweisen kann ich für vergleichbare zukünftige Kundensituationen beibehalten?	
Erfahrungsaustausch	Welche positiven Verhaltensweisen möchte ich mit meinem Team teilen? Welche weiteren Möglichkeiten gibt, es zukünftige Wow-Momente zu generieren?	

Abb. 4.16 Wow-Momente Reflexion. (Quelle: Eigene Darstellung)

Ferner sollten Sie sich als Führungskraft regelmäßig mit dem Grad der Identifikation Ihrer Mitarbeiter auseinandersetzen. Auch hier gibt es bewähre Methoden, wie beispielsweise die „Q12" Employee Engagement Survey (Quelle: Gallup 2023). Die 12 Fragen basieren auf einer langfristigen Studie, und geben einen guten Überblick, worauf es ankommt, wann man Mitarbeiterzufriedenheit und -motivation messen möchte (vgl. Abb. 4.20).

Beantwortet werden die Fragen von Ihren Mitarbeitern. Sie als Führungskraft haben es jedoch in der Hand, die entsprechenden Parameter zu steuern bzw. für Ihre Mitarbeiter sicherzustellen.

4.7.12 „Starfish"-Retrospektive

Retrospektiven sind dafür da, um als Team aus der Vergangenheit zu lernen. Alle Mitglieder Ihres Teams schauen dabei gemeinsam zurück und bewerten, was gut lief bzw.

Kategorie	Reflexionsfrage	Meine Antwort
Problem	Wo erleben unsere Kunden heute Probleme, Irritationen, Frustrationen, Enttäuschung?	
Ursache	Was ist der Hintergrund für dieses Problem?	
Lösung	Wie kann ich das Kundenerlebnis besser machen? Wie kann ich das Problem lösen und das Kundenerlebnis angenehmer gestalten?	
Mehrwert	Was bringt uns die neue Lösung? Was sind die Vorteile für den Kunden und für unser Unternehmen?	
Kommunikation	Wie vermittle ich meine Idee an Führungskräfte? Wie übersetze und erkläre ich den neuen Lösungsansatz am besten?	

Abb. 4.17 Checkliste Verbesserungen finden. (Quelle: Eigene Darstellung)

was verbessert werden muss. Für agil arbeitende Teams ist dies Teil des kontinuierlichen Verbesserungsprozesses. In regelmäßigen Abständen (z. B. alle drei Monate oder nach wichtigen Meilensteinen) schaut ein Team kritisch nicht nur auf die erreichten Ergebnisse, sondern auch auf die bisherige Zusammenarbeit. Dabei ist jeder Teilnehmer aufgefordert, die folgenden Fragen individuell zu beantworten:

- **Start:**
  Womit sollten wir anfangen?
- **Stopp:**
  Womit sollten wir aufhören?
- **Beibehalten:**
  Was sollten wir beibehalten?
- **Mehr:**
  Wovon sollten wir mehr machen?
- **Weniger:**
  Wovon sollten wir weniger machen?

4.7 Checklisten und Tools für die praktische Umsetzung

Reflexionsfrage	Meine Antwort
Was ist das Erste, was mir einfällt, wenn ich einen Kunden sehe oder ein Kunde anruft?	
Wie würde ich die Zusammenarbeit mit meinen Kollegen beschreiben?	
Was frustriert mich gerade an meinem Job?	
Wenn ich einen Wunsch freihätte, dann würde ich an meinen Kunden/Kollegen/Vorgesetzten folgendes verändern:	
Daran denke ich in der Regel auf dem Weg zur Arbeit:	
Habe ich ein „Ich muss Mindset" oder ein „Ich will Mindset"?	
Wie beeinflusst mein aktuelles Mindset das Kundenerlebnis? Positiv oder negativ?	
Welche Veränderungen strebe ich an, in Bezug auf die Art und Weise, wie ich meinen Job mache?	
Welche Verhaltensweisen helfen mir dabei?	
Welches Mindset brauche ich dafür?	
Welche Vorteile habe ich und andere mit diesem neuen Mindset?	

Abb. 4.18 Selbstreflexion Mindset. (Quelle: Eigene Darstellung)

Als Moderator ordnet man die fünf Fragen analog eines Seestern (Starfish) auf einer Pinnwand oder einem digitalen Whiteboard an, sammelt im Team die einzelnen Beiträge dazu, und steigt damit in die Diskussion mit dem Team ein, vgl. Abb. 4.21 und Impulse (2023).

Reflexionsfrage	Meine Antwort
Wie kundenfokussiert bin ich (auch in Bezug auf meine internen Kunden)? Wie trage ich in meiner Rolle zum Kundenerlebnis bei?	
Wie kundenzentriert ist mein Team?	
Wie qualifiziere ich mein Team in Bezug auf Kundenzentrierung? (z.B. Training & Coaching)	
Wie bewerte ich selbst meine eigene Kommunikationsregelmäßigkeit und -qualität?	
Würde ich meinen besten Kunden so behandeln wie meine Mitarbeiter?	
Fördere ich die Zusammenarbeit im Team ausreichend?	
Lade ich aktiv dazu ein, Verbesserungsvorschläge zu machen und lebe ich Fehlerkultur vor?	
Teile ich Kundenfeedback intern mit meinem Team (positives und negatives?)	
Kommuniziere ich unsere Vision regelmäßig und mit Überzeugung?	

Abb. 4.19 Selbstreflexion Führungskräfte. (Quelle: Eigene Darstellung)

4.8 Zusammenfassung der Erfolgsfaktoren

„Entscheidend ist auf dem Platz!"
Wie kundenfokussiert eine Strategie ist, entscheidet am Ende der Kunde. An dieser Stelle entsteht der sogenannt Experience Gap, d. h. dass die Kundensicht sich deutlich von der internen Unternehmenssicht unterscheidet in Bezug auf die Frage, wie kundenfokussiert eine Marke agiert (vgl. Abb. 1.3). Unternehmen müssen also die notwendigen Ressourcen bereitstellen, die Strategie in die Tat umzusetzen und konstant begeisternde Kundenerlebnisse produzieren. Umsetzen heißt auch, zu berücksichtigen, dass jeder Kunde und jede Situation anders sind. Das bietet die Chance, dass alle vorher entwickelten Tools anhand konkreter Situationen in der Praxis getestet werden können. Nicht zu vergessen: Es ist langfristig günstiger, gute Kundenerlebnisse zu schaffen, als schlechte.

4.8 Zusammenfassung der Erfolgsfaktoren

Frage	Zustimmung (Skala von 1 bis 5)
Ich weiß, was bei der Arbeit von mir erwartet wird.	
Ich habe alles, was ich brauche, um meinen Job gut zu machen.	
Ich habe täglich die Möglichkeit, meine Stärken im Job zu zeigen und einzusetzen. Ich mache bei der Arbeit das, was ich am besten kann.	
In den letzten sieben Tagen habe ich Anerkennung oder Lob für ein gutes Ergebnis erhalten.	
Ich habe eine gute Beziehung zu meinem Manager.	
Jemand auf der Arbeit fördert meine Weiterentwicklung.	
Meine Meinung wird gehört.	
Die Ziele und Philosophie meines Unternehmens geben mir das Gefühl, mein Job sei wichtig.	
Meine Kollegen sind bestrebt, qualitativ hochwertige Arbeit abzuliefern.	
Ich habe einen besten Freund auf der Arbeit.	
In den letzten sechs Monaten hat sich jemand mit mir über meine Fortschritte auf der Arbeit unterhalten.	
Im letzten Jahr hatte ich die Gelegenheit, in Bezug auf meine Arbeit hinzuzulernen und meine Fähigkeiten auszubauen.	

Abb. 4.20 Mitarbeiterzufriedenheit und -motivation anhand der Gallup Q12 Fragen. (Quelle: Gallup 2023)

Nichts ist so wichtig wie die Kleinigkeiten

Gibt es „den" entscheidenden Moment in einer Kundenbeziehung? Nein, denn „der eine" entscheidende Moment ist immer genau der, in dem wir uns gerade befinden. Insofern ist jeder Moment ein Moment of Truth, ein Moment der Wahrheit. Die Situation mag trivial erscheinen, die Erwartungen mögen nicht besonders hoch sein, was zählt sind die

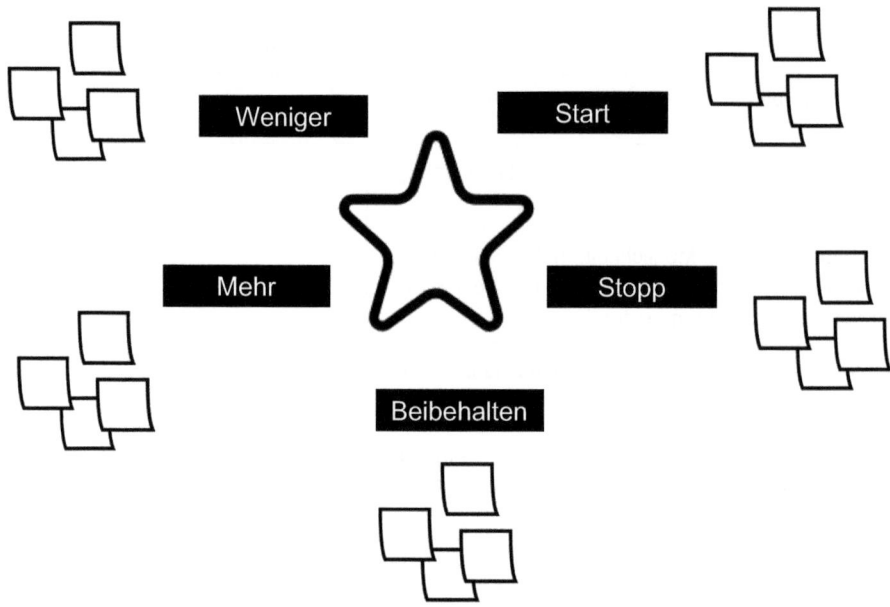

Abb. 4.21 „Starfish"-Retrospektive. (Quelle: Eigene Darstellung)

Kleinigkeiten: von der herzlichen Begrüßung, dem guten Zuhören oder nur das Erinnern an das letzte Gespräch mit einem Kunden. Viele Kleinigkeiten machen am Ende einen großen Unterschied.

1% Inspiration, 99% Transpiration
Kundenbegeisterung ist ein hohes Ziel, dass man nicht von selbst und nicht ohne Anstrengung erreicht. Natürlich ist es nicht immer eine Qual and reine Anstrengung. Aber all das ist Teil von tiefen und besonderen Kundenbeziehungen, genauso wie Freude, Sorgfalt, Leidenschaft und Engagement. Wer bereit ist, die Extrameile zu gehen, der muss auch die Extra-Zeit in den Kunden investieren, extra gut zuhören und eine Sache mehr als erwartet extra gut erledigen. Und dieses Extra bedeutet manchmal auch ein Extra an Anstrengung.

> **Zusammengefasst**
>
> Jedes Erlebnis und jeder Kundenkontakt ist ein Moment der Wahrheit. Gleichwohl sind jeder Kunde, jede Situation und jeder Mitarbeiter einzigartig. Das bewusste und konsistente Schaffen kundenverbundener Erlebnisse erfordert von Mitarbeitern und Führungskräften nicht nur ein tiefes Verständnis, das richtige Mindset und die nötigen Tools und Instrumente. Das Zielbild der Marke und den eigenen Einflussbereich genau zu kennen und regelmäßig darüber zu sprechen, ist ein weiterer essenzieller

Bestandteil. Darüber hinaus sollte das eigene Denken und Handeln regelmäßig selbst reflektiert werden. Ihre und die Tagesform der Mitarbeiter dürfen nicht der ausschlaggebende Faktor für das Kundenerlebnis sein. Daher lohnt es sich, konsequent und sorgfältig alle Parameter für Kundenbegeisterung regelmäßig zu evaluieren und zu steuern – auf individueller und auf kollektiver Ebene. Hierfür können die aufgeführten Checklisten zum Einsatz kommen. ◄

Reflexionsfragen Kap. 4

- Was begeistert die Kunden meiner Marke?
- Wann habe ich zuletzt selbst einen Kunden begeistert?
- Wie gut kenne und reflektiere ich die Parameter meines individuellen Beitrags für Kundenbegeisterung?

Im Rampenlicht: Mercedes-Benz

Als deutscher Hersteller von Premium-Personenkraftwagen und -Nutzfahrzeugen ist Mercedes-Benz eines der größten und erfolgreichsten Automobilunternehmen der Welt. Ein Auto von Mercedes symbolisiert weltweit Komfort und Luxus. Der Markenclaim „Das Beste oder Nichts" unterstreicht den Anspruch der Marke nach außen. In Nordamerika hat Mercedes-Benz mit dem mehrjährigen Programm „Driven to Delight" das Kundenerlebnis auf ein neues Niveau gehoben. Schauen wir uns im Folgenden an, welche Kernelemente den Erfolg bestimmt haben.

Ein klares Bekenntnis zum Kundenerlebnis fängt ganz oben an

„Customer experience will be the number one priority for this company for as long as I am the President and CEO" – So Steve Cannon, seinerzeit Präsident und CEO von Mercedes-Benz USA, der das Programm „Driven to Delight" ins Leben gerufen und als zentrale Leitfigur fungiert hat. Cannon formuliert ein klares Zielbild für seine Mitarbeiter: Jeder Kontaktpunkt mit der Marke Mercedes-Benz muss dem Anspruch „Das Beste oder Nichts" gerecht werden – das gilt für die Fahrzeuge genauso wie für das Betreten eines Autohauses oder den Anruf in der Hotline. Damit schaffte Cannon intern den Nährboden für langfristige Veränderung. Konkret ermöglichte er seinen Führungskräften, sich vom Tagesgeschäft immer wieder freizumachen, um an Maßnahmen zu arbeiten, die dem idealen Kundenerlebnis näherkommen – über alle Bereiche hinweg. Ferner wurde Cannon nicht müde, immer wieder aufs Neue und über unterschiedlichste Kanäle die Wichtigkeit des Kundenerlebnisses zu betonen.

Ganzheitlich und langfristig zum Erfolg

Im Jahr 2011 stellte Mercedes-Benz fest, dass die Marke den Ansprüchen der Kunden nicht immer vollständig und nicht konsistent gerecht wurde. Ein paar kosmetische Eingriffe oder eine interne Marketingkampagne würden das Problem nicht lösen und viel zu kurz greifen. Mit dem „Driven to Delight" Programm hat Mercedes-Benz USA einen umfassenden Veränderungsprozess eingeleitet, in dem jede Abteilung mobilisiert wurde, jeder Kontaktpunkt mit der Marke analysiert und optimiert wurde und jeder Mitarbeiter in jedem der ca. 370 Handelsbetriebe trainiert und ausgestattet wurde – immer mit dem Ziel, das Kundenerlebnis bei Mercedes-Benz auf ein neues Niveau zu heben. Damit wurde ein Kulturwandel bei Mercedes-Benz USA eingeleitet.

Erlebnisse messbar machen und verbessern
Die Zufriedenheit der Kunden wird bei Mercedes-Benz umfangreich und regelmäßig gemessen – und zwar im Verkauf, als auch im After-Sales. So kann Mercedes-Benz Schwachpunkte schnell erkennen und intern an Verbesserungen arbeiten. Schauen wir uns im Folgenden eine kleine Auswahl an Beispielen für unterschiedliche Messgrößen von Mercedes-Benz an.

Beispiele für Messgrößen im Verkauf

- Zufriedenheit mit dem Kaufprozess insgesamt
- Höflichkeit des Verkaufsberaters
- Gründe für den Händlerbesuch
- Häufigkeit des Händlerbesuchs
- Faktoren, die das Kundenerlebnis besonders positiv beeinflusst haben
- Faktoren, die das Kundenerlebnis besonders negativ beeinflusst haben
- Die Zeit, die Kunden an verschiedenen Punkten im Verkaufsprozess verbringen

Beispiele für Messgrößen im After-Sales

- Zufriedenheit mit dem Serviceprozess insgesamt
- Höflichkeit des Serviceberaters
- Pünktlichkeit der Terminplanung und Serviceleistung
- Faktoren, die das Kundenerlebnis besonders positiv beeinflusst haben
- Faktoren, die das Kundenerlebnis besonders negativ beeinflusst haben
- Qualität der Serviceleistung
- Erlebnis im Wartebereich, Parkkomfort, Sauberkeit

Wie sieht ein solcher „Delight" Moment bei Mercedes-Benz aus? Werfen wir abschließend einen Blick auf ein reales Beispiel.

Eine Mercedes GLK-Fahrerin hatte ein Problem mit ihrem Fahrzeug, welches auf einer Schnellstraße zum Erliegen kam. Sie war im achten Monat schwanger und auf dem Weg zu einer Babyparty. Sie rief ihren Händler an, der sofort ein Ersatzfahrzeug schickte und das Pannenfahrzeug abtransportierte. Im Leihfahrzeug war eine Mercedes-Benz Geschenktüte mit Babykleidung, einer Decke und einem Teddybären. Außerdem hat der Händler eine Kleinigkeit zu Essen für die Babyparty hinzugefügt, damit die Kundin die Party genießen konnte. Diese war nicht nur höchst erfreut, sondern sagte auch, dass sie ab jetzt eine lebenslange Kundin der Marke und des Händlers sei.

Literatur

Disney Institute & Kinni, T. (2011). *Be Our Guest: Perfecting the Art of Customer Service,* New York: Disney Editions

Dixon, E. (2022). *The Power of Customer Experience: 5 Elements To Make An Impact.* Herausgeber: Elisabeth Dixon

Doerr, J. (2018). *OKR Objectives & Key Results. Wie Sie Ziele, auf die es wirklich ankommt, entwickeln, messen und umsetzen.* München: Vahlen

Evans R. (1971). Richard Evans' Quote Book, https://archive.org/details/richardevansquot0000rich/mode/2up, Zugegriffen: 18. September 2023

Ikea (2023). *Die IKEA Vision und Werte.* https://www.ikea.com/de/de/this-is-ikea/about-us/vision-werte-geschaeftsidee-pub9aa779d0, Zugegriffen: 24. September 2023

Michelli, J. A. (2015). *Driven to Delight: Delivering World-Class Customer Experience the Mercedes-Benz Way.* McGraw Hill LLC. Kindle-Version.

Michelli, J. A. (2013), *Leading the Starbucks Way: 5 Principles for Connecting with Your Customers, Your Products and Your People.* McGraw Hill LLC. Kindle-Version.

Michelli, J. A. (2008). *The New Gold Standard. 5 Leadership Principles for Creating a Legendary Customer Experience Courtesy of the Ritz-Carlton Hotel Company.* New York: McGraw Hill

Nenninger, M. & Seidel, M. (2022). *Praxisleitfaden Customer Centricity,* Wiesbaden: Springer-Gabler Fachmedien

Revella, A. (2015). *Buyer Personas. How to Gain Insights into Your Customers's Expectations, Align Your Marketing Strategies, and Win More Business.* Hoboken: Wiley.

Rouhana, M. (2021). *Greatness is NOWHERE: Three Principles to Jazz up Your Culture, Pep up Your People, and Spice up Your Customer Experience.* MRT Books. Kindle-Version.

Schneider, W. & Henning, A. (2008). *Lexikon Kennzahlen für Marketing und Vertrieb. Das Marketing-Cockpit von A–Z.* 2. Auflage. Berlin/Heidelberg: Springer

Gallup. (2023). *Gallup's Employee Engagement Survey: Ask the Right Questions With the $Q^{12®}$ Survey.* https://www.gallup.com/workplace/356063/gallup-q12-employee-engagement-survey.aspx. Zugegriffen: 12. Mai 2023

Gartner (2017*). 7 Types of Customer Experience Projects.* https://www.gartner.com/smarterwithgartner/7-types-of-customer-experience-projects. Zugegriffen: 15. September 2023

Hochschule Luzern. (2023). *Der Customer Centricity Score.* https://www.hslu.ch/de-ch/hochschule-luzern/forschung/projekte/detail/?pid=106. Zugegriffen: 15. Mai 2023

Impulse (2023), *Retrospektive Meetings – So kann Ihr Team sich gemeinsam verbessern,* https://www.impulse.de/organisation/retrospektive-meetings/7609489.html, Zugegriffen: 18. September 2023

Starbucks (2023a), *Company Profile,* https://stories.starbucks.com/press/2019/company-profile/, Zugegriffen: 10. Juli 2023

Starbucks (2023b), *The Starbucks Foundation.* https://stories.starbucks.com/stories/the-starbucks-foundation/, Zugegriffen: 12. Juli 2023

Kundenverbundene Marken – Best Practice Beispiele

5

Von der Strategie, der internen Verankerung bis zur Realisierung und Steuerung besonderer Kundenerlebnisse – auf Grundlage der bisher besprochenen Inhalte zeigt das folgende Kapitel interessante Einblicke in reale Praxisbeispiele führender kundenzentrierter Marken: Porsche AG, Miele sowie die Mobiliar Versicherung. Die verschiedenen Gastautoren und Interviewpartner zeigen darin auf, wie sie Kundenverbundenheit erfolgreich in ihrer Branche herstellen. Sie sprechen dabei nicht nur über das „Warum", sondern zeigen auch auf, wie sie mit unterschiedlichen Ansätzen für Kundenbegeisterung sorgen und so zum Gesamterfolg des Unternehmens beitragen. Die Beiträge zeigen die Vielfalt und unterschiedliche Perspektiven auf und verdeutlichen, dass es keine Plug-and-Play-Lösung für Kundenverbundenheit gibt.

Überblick Best Practice Beispiele und Gastbeiträge
- Porsche AG – Auf dem Weg zur Benchmark für Kundenbegeisterung
 Robert Fallbacher, Manager HR Development Retail und Carmen Alicia Corrales, Projekt Manager Marken- & Vertriebsqualifizierung
- Die Mobiliar: Wie eine Versicherung durch Kundennähe ein herausragendes Markenerlebnis generiert
 Lorenz Jenni, Leiter Markenführung & Marketingkommunikation
- Miele – Mit Customer Delights ein herausragendes Markenerlebnis schaffen
 Ein Interview mit Dr. Axel Kniehl, Geschäftsführer Marketing & Sales der Miele Gruppe

5.1 Porsche AG – Auf dem Weg zur Benchmark für Kundenbegeisterung

Robert Fallbacher, Manager HR Development Retail und Carmen Alicia Corrales, Projekt Manager Marken- & Vertriebsqualifizierung

Die Dr. Ing. h.c. F. Porsche Aktiengesellschaft (Porsche AG) ist ein deutscher Sportwagenhersteller mit Sitz in Stuttgart-Zuffenhausen. Der Konzernumsatz betrug 2022 37,6 Mrd. Euro. Das operative Konzernergebnis im selben Jahr lag bei 6,8 Mrd. Euro. Im Jahr 2022 wurden insgesamt 309.884 Fahrzeuge verkauft. Porsche hat sich erfolgreich als moderne Luxusmarke positioniert, die weltweit eine hohe Faszination genießt. Einzigartige Produkte sollen in Zukunft noch stärker durch besondere Kundenerlebnisse ergänzt werden. Diese besonderen Kundenerlebnisse sollen die Markenbegehrlichkeit und Zugehörigkeit der Kunden zur Porsche Familie weiter stärken. Das Thema Kundenbegeisterung wurde daher bereits vor vielen Jahren als wichtiges Ziel von Porsche formuliert.

Kunden aus einer Position der Stärke heraus begeistern
Mit diesem Ziel als Richtungsgeber wurde die weltweite Kundenbegeisterungs-Initiative excite! ins Leben gerufen. Mit dem Programm werden die Mitarbeiter von Porsche Zentren, Vertriebsgesellschaften sowie der Zentrale befähigt, jeden Kundenkontakt zu einem einzigartigen Erlebnis zu machen und so Kundenzentrierung auf ein neues Level zu heben. Seit 2018 wurden mehr als 13.000 Mitarbeiter in über 600 Handelsbetrieben weltweit im Rahmen eines innovativen und holistischen Vermittlungsansatzes qualifiziert. Auch in Zukunft werden die Mitarbeiter konstant mit neuen Impulsen versorgt – mit dem Ziel, excite! langfristig in den Alltag aller Mitarbeiter in jedem Porsche Zentrum zu integrieren. Mit inbegriffen sind dabei lokale Tochtergesellschaften und Regionalbüros sowie die Unternehmenszentrale in Zuffenhausen, wo die Mitarbeiter meist keinen direkten Kontakt mit Kunden haben. In speziellen Workshops können hier die Teilnehmer herausarbeiten und diskutieren, wo ihre individuellen Beiträge für Kundenbegeisterung liegen. Wir haben das Programm aus einer Position der Stärke heraus ins Leben gerufen, also nicht, weil unser Service schlecht oder Kunden unzufrieden waren, sondern weil wir Gutes noch besser und konsistenter machen wollen. Letztendlich geht es dabei nicht um strikte Guidelines oder Regeln, sondern um individuelles Empowerment. Das bedeutet, dass nicht prozessuale oder verhaltensbezogene Vorgaben im Vordergrund stehen, sondern das Mindset aller Führungskräfte und Mitarbeiter, in jeder individuellen Interaktion mit dem Kunden Begeisterung zu schaffen. Unser Mindset bestimmt nicht nur unser Denken, sondern in letzter Konsequenz auch unser Handeln – das, was Kunden bei der Marke Porsche erleben. Wir haben klar definierte Prozesse und Abläufe im Verkauf und im Service, welche die Grundlage darstellen. Die Kundensituationen und -bedürfnisse sind jedoch oft so individuell, dass das entsprechende Mindset bzw. die Haltung des Mitarbeiters in der jeweiligen Situation entscheidet, ob ein Wow-Moment für den Kunden zustande kommt, oder eben nicht.

Holistischer Ansatz anstelle von reinem Training

Jeder Mitarbeiter bei Porsche leistet einen Beitrag zum Kundenerlebnis, ob im direkten Kontakt mit dem Kunden im Porsche Zentrum oder über Bande in der Zentrale, beispielsweise in der Entwicklung von neuen Produkten oder Dienstleistungen. Dabei sollen die Teilnehmer selbst erleben, was Begeisterung ausmacht, es geht um Selbstreflexion und die nachhaltige Verankerung über verschiedene Tools – kurz: um viel mehr als ein reines Trainingsmodul. Von den Zielgruppen decken wir dabei alle Hierarchien und Bereiche ab, denn jeder vom CEO bis zum Fahrzeugaufbereiter spielt eine Rolle für das Erlebnis unserer Kunden. Bei all den Maßnahmen, die wir implementieren, verfolgen wir einen langfristigen Ansatz. Alles basiert dabei auf dem sogenannten excite! Framework, dem Kernelement des Programms. Das Framework umfasst den Purpose, die Standards sowie konkrete Verhaltensweisen, welche die Leitlinien für alle Mitarbeiter und Führungskräfte schaffen und so für übergreifende Konsistenz an allen Kontaktpunkten sorgen.

Schlagkräftiger und nachhaltiger Rollout

Aus der Zentrale heraus betreuen wir alle Märkte im Rahmen der excite! Initiative. Dabei unterscheiden wir zwischen dem initialen Rollout, also der Übergabe des Programms an die Märkte und die laufende Marktbetreuung bzw. die Betriebsphase. Bei der Übergabe haben wir einen 80/20 Ansatz, das heißt gewisse Elemente kann der Markt adaptieren, andere Elemente sind unveränderbar, beispielsweise die Standards und der Purpose des excite! Frameworks. Eine wichtige Rolle spielen dabei die sogenannten PPX-Manager (Porsche People Excellence Manager), welche die Implementierung vor Ort in den Märkten betreuen und unsere zentralen Ansprechpartner bei Fragen und zur Qualitätssicherung sind. Allen Porsche-Märkten wurde das Programm erfolgreich übergeben, jetzt heißt es dranzubleiben und die nachhaltige Verankerung und Konsistenz bei allen Mitarbeitern sicherzustellen. Dabei messen wir regelmäßig die Kundensicht. Insbesondere schauen wir uns an, welcher Anteil unserer Kunden tatsächlich begeistert ist. Auch innerhalb des Vertriebsressorts der Porsche AG haben wir bereits eine Vielzahl an Kollegen mit dem Programm erreicht. Es geht gut voran und das Feedback der Zielgruppe bestätigt uns in unserem Ansatz. Richtig „fertig" werden wir wohl niemals werden. Denn excite! definiert oder ersetzt keine bestehenden Prozesse oder Abläufe, sondern hat die Schaffung und Pflege eines kundenzentrierten Mindsets und damit den Aufbau einer kundenzentrierten Kultur als Aufgabe.

Wow-Momente als Ausdruck von Kundenbegeisterung

Wir sammeln und küren regelmäßig besondere Kundenmomente – als Ergebnis und Krönung unserer gemeinsamen Bemühungen. Diese besonderen Momente erleben Porsche Kunden auf der ganzen Welt. Dabei können sie kulturell bedingt unterschiedlich ausfallen. Schauen wir uns zunächst ein Beispiel aus Deutschland an, in dem es darum geht, wie ein Kundenproblem in einen Wow-Moment verwandelt wird:

An einem Sonntagnachmittag traf ein Serviceberater zufällig auf einen Kunden, dessen Porsche 911 leider seit diesem Tag einen platten Reifen hatte. Ohne zu zögern, bot der Serviceberater seine Hilfe an, holte sein Werkzeug und fuhr mit dem Kunden zur Garage, wo das Fahrzeug geparkt war. Dort stellten sie fest, dass der Reifen hinten rechts schwer beschädigt war. Ein Abschleppen aus der Garage würde einen noch größeren Schaden verursachen. Der Serviceberater entschied sich daher ohne zu zögern, Werkzeug zu besorgen, das Rad abzumontieren und es direkt zur Reparatur in das Porsche Zentrum zu bringen. Ein neuer Reifen wurde von ihm bestellt und innerhalb von zwei Tagen angebracht. Der Kunde war vom persönlichen Einsatz des Serviceberaters wirklich beeindruckt und erzählt die Geschichte noch heute weiter.

Eine zweite Geschichte aus Taiwan zeigt, wie wir besonders treue Kunden durch symbolische Gesten wertschätzen können:

Ein langjähriger Kunde des Porsche Zentrums in Taipeh besitzt einen Porsche 997 aus dem Jahr 2006. Zwei Jahre nach dem der Kunde sein Fahrzeug ausgeliefert bekommen hat, lies er einen originalen Porsche Tequipment Performance-Kit in seinen Wagen einbauen – als erster Kunde in Taiwan. Um die gute Beziehung zu diesem speziellen Kunden zu würdigen, ließ sich die Serviceberaterin etwas ganz Besonderes für den Kunden einfallen. Als der Kunde das Fahrzeug zur Wartung brachte, wurde es gründlich gereinigt und wie neu aufbereitet für die Abholung. Das Auto wurde in einen speziellen Raum gestellt, um dem Kunden das Gefühl zu geben, er würde es zum ersten Mal abholen. Als besondere Geste haben die Mitarbeiter im Porsche Zentrum eine Gedenktafel für den Kunden angefertigt. Auf der Tafel stehen Informationen über sein Auto, das Datum der Aufrüstung mit dem Tequipment-Leistungs-Kit, das Kennzeichen und der aktuelle Kilometerstand. Dieser Kilometerstand hat eine besondere Bedeutung in chinesischer Sprache, die „Ich liebe dich für immer" ausdrückt. Als der Kunde zur Abholung seines Fahrzeugs kam, war er nicht nur überrascht, sondern auch sichtlich gerührt. Er sagte: „Schön, dass es euch gibt! Ich liebe Autos, und dieses Auto ist wie mein Kind. Das Porsche Zentrum Taipeh ist wie die Nanny meines Kindes. Vielen Dank, dass ihr euch 15 Jahre lang so gut darum gekümmert habt."

Ein drittes und letztes Beispiel kommt aus den USA, wo ein Verkaufsberater eine tiefe menschliche Verbindung geschaffen hat – zu jemanden, der faktisch nicht einmal Kunde der Marke ist.

Eine Familie mit einem kleinen Jungen betritt ein Porsche Zentrum in Texas. Gleich nach Betreten und dem Begrüßen der Familie durch einen Verkaufsberater erklärte die Mutter, dass sie nicht gekommen sind, mit der Absicht ein Fahrzeug zu kaufen. Sie haben eine 11-stündige Autofahrt hinter sich, um ihren Sohn Hudson in das Texas Children's Hospital zu bringen. Hudson wurde mit einem Herzfehler geboren und würde sich bald einer Operation unterziehen müssen. Der Eingriff birgt viele Risiken, aber wegen seiner schlechten Gesundheit und dem ständigen Aufenthalt in Krankenhäusern haben sie diesen Entschluss gefasst. Sie erzählten, dass es Hudsons größter Wunsch sei, sein Lieblingsauto – einen Porsche 911 – anzuschauen und sich hineinzusetzen. Der Verkaufsberater erfüllte diesen Wunsch gerne und führte die Familie durch das ganze Autohaus und zeigte die unterschiedlichen Sportwagen. Ferner durfte Hudson sich ein paar Merchandising-Artikel aus der Porsche Boutique aussuchen. Er war sehr dankbar und freute sich sehr darüber, seine neue Porsche Mütze, seinen Porsche Bären, sein Porsche Kissen und sein Porsche Modellauto mit ins Krankenhaus mitnehmen zu können. Die Operation ist gut verlaufen und noch heute ist die Familie in Kontakt mit dem Porsche Berater, auch wenn sie nach wie vor keine Fahrzeuge von Porsche besitzen. Sicher ist, dass diese kleine, freundliche Geste des Verkaufsberaters der Familie lange in Erinnerung bleiben wird und Hudson zu einem noch größeren Fan der Marke gemacht hat.*

Für uns sind das eindrucksvolle Geschichten unserer Porsche Zentren auf der ganzen Welt, die zeigen, wie unterschiedlich solche Wow-Momente sein können und welche Verhaltensweisen im Ergebnis echte Begeisterung bei unseren Kunden auslösen. Die Beispiele zeigen, welche Emotionen unsere Marke bei anderen hervorruft und dass wir alle diejenigen sind, die die Marke repräsentieren – jeden Tag. Diese und andere Geschichten sind eine Erinnerung, daran, dass wir jeden Tag Unglaubliches erreichen können. Wir haben die Möglichkeit, besondere Erlebnisse für unsere Kunden zu schaffen, indem wir bestehende Erwartungen übertreffen. Dafür reichen oft schon kleine, persönliche Gesten aus. Es muss also gar nicht immer die berühmte Extrameile sein, oft genügen dafür schon ein paar extra Zentimeter.

Erfolgsfaktoren und Learnings
Das aktive Einbeziehen des Managements und die Adaptierbarkeit für die Märkte waren wichtige Pfeiler für den Erfolg von excite! Ferner versuchen wir zentralseitig stets neue Impulse und Inspirationen zu geben. Auch der Austausch der Märkte untereinander gehört dazu. Es braucht definitiv eine große Portion Leidenschaft, Überzeugung vom Thema und die richtigen Partner für die Umsetzung. Das beschreibt auch unser zentrales Mantra: „People make the Difference!" In kurzer Zeit konnten wir viel erreichen, das Programm genießt nach wie vor hohes Vertrauen und Aufmerksamkeit seitens des Managements und überzeugt die Mitarbeiter vor Ort in den Märkten. Die Arbeit mit den Beteiligten und im Kernteam macht viel Freude und das spüren alle Beteiligten und am Ende auch unsere Kunden.

Mathias Weber ist für G&P Markenberatung seit 2017 als Sparringspartner an der Entwicklung und beim weltweiten Rollout von excite! beteiligt

5.2 Die Mobiliar – Wie eine Versicherung durch Kundennähe ein herausragendes Markenerlebnis generiert

Lorenz Jenni, Leiter Markenführung & Marketingkommunikation

Über die Mobiliar
Die Mobiliar ist die älteste private Versicherungsgesellschaft in der Schweiz und wurde 1826 in Bern gegründet. Dort befindet sich auch heute noch der Sitz der Gesellschaft.

Weitere Direktionsstandorte sind in Nyon und Zürich. Die Mobiliar ist dezentral organisiert – rund 80 selbständige Mobiliar Generalagentinnen und Generalagenten betreuen an rund 160 Standorten in der Schweiz und in Liechtenstein etwa 2,2 Mio. Kundinnen und Kunden. Als Genossenschaft ist gesellschaftliches Engagement ein fester Bestandteil der Unternehmenskultur. Die Mobiliar agiert als Allbranchenversicherer und bietet sowohl Privatpersonen als auch Unternehmen ein umfassendes Angebot. Basierend auf dem zentralen Prinzip der Nähe werden etwa 90 % der Schadenfälle dezentral bearbeitet. Die Mobiliar gehört in der Schweiz zu den zehn reputationsstärksten Marken. Ferner ist die emotionale Verbundenheit der Kundinnen und Kunden mit der Mobiliar die höchste innerhalb der Branche.

Kundennähe ist ein Teil der DNA
Zum einen ist der starke Fokus auf die Bedürfnisse unserer Kundinnen und Kunden durch unsere genossenschaftliche Ausrichtung seit unserer Gründung 1826 fest verankert. Unsere Kunden sind unsere zentralen Stakeholder und als Genossenschaft auch unsere Anteilseigner. Anders als bei Kapitalgesellschaften hängt unsere Geschäftspolitik nicht von Interessen von externen Investoren ab, sondern wird allein von unseren Mitgliedern bestimmt. Ein Teil des Gewinns fließt jedes Jahr in einen Überschussfonds und wird Kundinnen und Kunden über vergünstigte Versicherungsbeiträge gutgeschrieben. Darüber hinaus ist es unser stetiger Anspruch, einen Mehrwert für die ganze Gesellschaft zu leisten. Beispielsweise engagieren wir uns in einer Vielzahl kultureller, ökologischer und sozialer Projekte. Neben unserer genossenschaftlichen Ausrichtung haben wir das Thema „Kunde" als zentralen Aspekt in unserer Markenpositionierung etabliert. Die Markenpositionierung basiert auf drei Kernelementen (siehe Abb. 5.1).

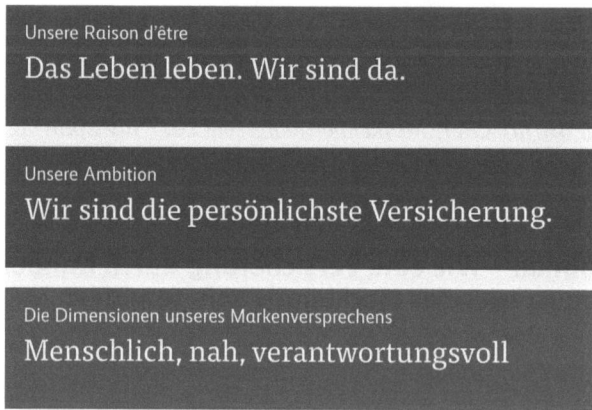

Abb. 5.1 Markenpositionierung der Mobiliar. (Eigene Darstellung)

- Die **Raison d'être** beschreibt unsere Grundhaltung und bringt fokussiert zum Ausdruck, warum es die Mobiliar gibt und braucht: „Das Leben leben. Wir sind da". Damit meinen wir, dass wir überall da sind, wo unsere Kundinnen und Kunden sind. Schäden gehören zum Leben, die Mobiliar steht schnell und unkompliziert an der Seite ihrer Kundinnen und Kunden. Das ist unsere positive Grundhaltung, die unsere Basis ist.
- Unsere **Ambition** drückt aus, wonach wir in all unserem Tun streben: „Wir sind die persönlichste Versicherung." Dieses Versprechen möchten wir an jedem Berührungspunkt mit unserer Marke einlösen: sichtbar, erlebbar und spürbar. So schaffen wir konsequent und durchgängig markentypische Erlebnisse für unsere Kundinnen und Kunden sowie für unsere Mitarbeitenden.
- Unser **Markenversprechen** beschreibt das Gefühl, das im Erlebnis unserer Kundinnen und Kunden mit der Mobiliar hervorgerufen werden soll. Mit unseren drei Markenwerten „menschlich", „nah" und „verantwortungsvoll" übersetzen und messen wir unsere Marke konsistent. „Menschlich" bedeutet für uns, dass wir Kundinnen und Kunden stets auf Augenhöhe und mit Wertschätzung und Hilfsbereitschaft begegnen. Mit „nah" beschreiben wir persönliche, vertrauenswürdige Beziehungen zu unseren Kundinnen und Kunden. Der Wert „verantwortungsvoll" drückt aus, dass wir unsere Versprechen halten, sorgsam mit den Kundendaten umgehen und diese am finanziellen Erfolg beteiligen.

Die Marke stellt Kundinnen und Kunden als Menschen in den Vordergrund
Als Versicherung ist es unser täglich Brot, die Schäden unserer Kundinnen und Kunden abzuwickeln und zu lösen. Dabei sehen wir jedoch immer als erstes den Menschen, der gerade den Schadenfall hat. Das ist Teil unserer Markenidentität. Wir fragen uns dann, welche Bedürfnisse ein Kunde in der jeweiligen Situation hat. In der Regel erkundigen sich unsere Beraterinnen und Berater bei unseren Kunden zunächst nach ihrem Befinden, bevor es um die Bearbeitung des Falles geht. Wir stellen die Bedürfnisse unserer Kundinnen und Kunden aber nicht nur im Schadenfall, sondern auch bei der Beratung ins Zentrum. Durch die große Kundennähe fällt das leichter. Erfährt ein Generalagent der Mobiliar beispielsweise, dass einer seiner Kunden geheiratet oder Nachwuchs bekommen hat, so bietet er ihm für diese Situation nicht nur die passende Versicherung an, sondern sagt dem Kunden auch, welche Versicherung er sich gegebenenfalls in Zukunft vielleicht sogar sparen kann. Bedürfnisse zu erkennen und zu erfüllen, bestimmt auch unseren Umgang intern bei der Mobiliar. In der Zusammenarbeit mit Arbeitskollegen versuchen wir zuerst zu verstehen, was unser Gegenüber gerade braucht und benötigt, und versuchen, danach zu handeln. So gelingt es uns, unterschiedliche Perspektiven zu berücksichtigen und intern eine Kultur zu schaffen, die von Vertrauen, Respekt und Empathie geprägt ist. Und das drückt sich in letzter Konsequenz natürlich auch positiv für unsere Kundinnen und Kunden aus. Nur eine Marke, die nach innen gelebt wird, kann nach außen ein positives Erlebnis schaffen.

Die Menschen machen den Unterschied

Dieser Satz beschreibt eine zentrale Werthaltung, die uns bei der Mobiliar zugrunde liegt. Kundinnen und Kunden zu begeistern – das passiert durch die Person und nicht durch das Produkt oder den Preis. Es ist immer der Mensch, der im Mittelpunkt steht. Daher ist es bei der Mobiliar von entscheidender Wichtigkeit, dass alle Mitarbeiterinnen und Mitarbeiter verstehen, dass sie die zentrale Rolle für das Kundenerlebnis spielen, ganz unabhängig von der Funktion, der Hierarchie und ob sie direkten Kundenkontakt haben oder nicht. Es geht dabei immer um das Endgefühl, das wir bei unseren Kundinnen und Kunden auslösen wollen: „Ich habe mich in meinen Bedürfnissen abgeholt und von der Mobiliar gut begleitet gefühlt." Dieses Gefühl wird durch jede Interaktion geprägt. Bei der Auswahl unserer Generalagentinnen und Generalagenten spielen daher die Persönlichkeit und die Einstellung der Kandidierenden eine sehr wichtige Rolle. Damit die Generalagenten unsere Marke mit ihren Werten den Kundinnen und Kunden gegenüber repräsentieren können, müssen nicht nur die fachlichen Kompetenzen passen, es muss vor allem auch menschlich stimmen. Um das herauszufinden, führen wir umfangreiche Assessments durch. Für unsere Auswahlmethoden orientieren wir uns am Kompetenzmodell der Mobiliar. Wir definieren daher die für uns wichtigsten sechs bis acht Kompetenzen und bewerten die Kandidatinnen und Kandidaten entsprechend. Zum Beispiel sind die Kompetenzen „Dialogfähigkeit" und „Beratungs- und Verkaufsfähigkeit" wichtig. Der Prozess ist wichtig, weshalb bei der Mobiliar mehrere Personen in den gesamten Rekrutierungsprozess involviert sind. So können wir gemeinsam besprechen, welche Werte wir bei den Kandidaten wahrgenommen haben.

Auch nach erfolgreicher Rekrutierung liegt der Fokus weiterhin auf Mensch und Kundennähe. So werden beispielsweise Entwicklungsprogramme für Mitarbeitende individuell erstellt, um sie stärkenbasiert weiterentwickeln zu können. Wir ermöglichen ferner allen Mitarbeitenden der Direktionsstandorte, durch mehrtägige Job-Rotation-Angebote regelmäßigen und intensiven Einblick in die direkte Zusammenarbeit mit unseren Kundinnen und Kunden zu bekommen. Mitarbeitende der Direktionsstandorte können also in eine Generalagentur gehen, bei Kundengesprächen dabei sein oder den Prozess einer Schadenabwicklung „live" miterleben. Im Ergebnis sind Kunden- und Mitarbeiterzentrierung keine abstrakten, von außen geschaffenen Konstrukte, sondern ein Teil unserer natürlichen Arbeitsweise und gelebten Kultur im Unternehmen.

Der Erfolg ist messbar

Dass wir bei unserer Arbeit den Kunden ins Zentrum stellen, kommt bei unseren Kundinnen und Kunden sehr gut an, das bescheinigen uns regelmäßige Erfolgsmessungen und Kennzahlen. Laut einer Studie der Hochschule Luzern hat die Mobiliar die mit Abstand besten Bewertungen in Bezug auf Kundenzentriertheit. 98 % der 58.000 befragten Kundinnen und Kunden sind zufrieden oder sehr zufrieden mit der Mobiliar.

Diese positiven Gesamtergebnisse basieren auf vielen Mess- und Steuerungsprozessen. Wir holen uns das Feedback eines jeden Kunden nach jedem Schadenfall durch einige prägnante Fragen ein, wie beispielsweise:

- Wie war die Schadenabdeckung?
- Wie gut hat Sie Ihr Mobiliar Ansprechpartner im Prozess begleitet?
- Wie zufrieden sind Sie insgesamt?
- Wo können wir uns verbessern?

So erhalten wir regelmäßig gezieltes Kundenfeedback und können bei Bedarf präzise nachjustieren. Beispielsweise können wir ein Schadenformular gezielt optimieren, wenn Kunden uns zurückmelden, dass sie Mühe hatten beim Ausfüllen.

Zusätzlich dazu erheben wir einmal pro Jahr das Image der Mobiliar bei unseren Kundinnen und Kunden. Basierend auf unseren Markenwerten fragen wir die Ist-Wahrnehmung bei unseren Kunden anhand definierter Image-Items ab. Beispielsweise messen wir, inwiefern Kundinnen und Kunden uns zuschreiben, auf Augenhöhe zu beraten. Dabei messen wir uns nicht nur selbst und mit anderen Versicherungen, sondern wir vergleichen uns auch mit Top-Marken aus anderen Branchen. Wir schauen also auch über den Tellerrand und versuchen so herauszufinden, was wir von anderen Branchen wie beispielsweise Banken, Onlineshops, Krankenversicherungen oder Konsumgütermarken lernen können. Auch das ist ein Teil unserer Strategie: Wir ruhen uns nicht auf Erfolgen aus, sondern suchen kontinuierlich nach Wegen, wie wir uns und das Erlebnis unserer Kundinnen und Kunden weiterentwickeln können.

5.3 Miele – Mit Customer Delights ein herausragendes Markenerlebnis schaffen

Ein Interview mit Dr. Axel Kniehl, Geschäftsführer Marketing & Sales der Miele Gruppe

Miele – Weltweit ein Name, der für hohe Qualität steht. Das Familienunternehmen mit Hauptsitz in Gütersloh entwickelt und produziert hochwertige Hausgeräte wie Herde, Backöfen, Spül- und Waschmaschinen, Trockner und Staubsauger. Hinzu kommen Geräte für den Einsatz in Gewerbebetrieben, Pflegeeinrichtungen, Kliniken, Praxen oder Laboren. Miele gilt als weltweit führende Premiummarke in ihrem Segment und als eine der angesehensten deutschen Marken überhaupt. Doch sind überragende Produkte allein ausreichend für eine hohe Kundenzufriedenheit? Und reicht es für eine Premiummarke aus, wenn die Kundinnen und Kunden „nur" zufrieden sind? Dr. Axel Kniehl, Geschäftsführer Marketing & Sales der Miele Gruppe, erklärt im Gespräch, wie Miele mit diesen Fragen umgeht.

Mathias Weber: Herr Kniehl, was erwarten Kunden von der Marke Miele?

Axel Kniehl: In jedem Fall mehr als von allen anderen! Miele steht wie keine andere Marke unserer Branche zum Beispiel für meisterhafte Qualität, Langlebigkeit, Nachhaltigkeit und zeitlose Eleganz, insbesondere aber für das Vertrauen, mit Miele immer die richtige Wahl getroffen zu haben. Für uns erwächst daraus der Anspruch, Kunden an allen Touchpoints nicht nur zufrieden zu stellen, sondern sie zu begeistern. Daraus entsteht der unvergleichliche „Customer Delight", die Begeisterung, die zu vertrauensvoller Loyalität führt. Dies spiegelt sich seit unserer Gründung im Jahr 1899 in unserem Markenversprechen „Immer Besser" wider, das ist sozusagen gelebte DNA. Gemeint ist, „Immer Besser" zu sein als der Wettbewerb und „Immer besser" zu werden, als man bereits ist.

Mathias Weber: Wie wird dieses Markenversprechen konkret erlebbar?

Axel Kniehl: Zum einen natürlich über unsere Produkte. Diese müssen, bevor sie auf den Markt kommen strengste Belastungs- und Dauertests bestehen. Wir testen auf 20 Jahre Lebensdauer – doppelt so lange wie alle anderen Anbieter. Das Markenversprechen „Immer Besser" ist zum anderen aber auch eine generelle Haltung unseren Kundinnen und Kunden gegenüber. Für uns als Premiummarke reicht es nicht, wenn die Kunden „nur" zufrieden sind; wir wollen sie begeistern, wo immer sie mit unserer Marke in Berührung kommen und Miele erleben, von der ersten Recherche im Webshop und der Präsentation am Point-of-Sale über die Produkterfahrung bis hin zum Servicefall. Dafür genügt es nicht, Erwartungen zu erfüllen. Wir müssen sie übertreffen, unsere Kundinnen und Kunden überraschen und ihnen das Besondere bieten, das sie so nur bei Miele bekommen. Das ist unser Verständnis von Premium – und von „Immer Besser".

Mathias Weber: Können Sie ein Beispiel dafür geben?

Axel Kniehl: Das kann beispielsweise der Besuch eines Servicetechnikers sein, der sich seine mitgebrachten Hausschuhe anzieht, bevor er in die Wohnung des Kunden eintritt, und mit dem eigenen Staubsauger nach verrichteter Arbeit wieder sauber macht. Es könnte sich auch um ein Gespräch mit einer engagierten Kollegin am Servicetelefon handeln, die eine Ferndiagnose für den Herd eines Kunden durchführt und mit einem Software-Update schnell das Problem lösen kann, sodass der Besuch des Servicetechnikers hinfällig wird. Viele unserer Kunden berichten regelmäßig über herausragende Erlebnisse, die sie mit der Marke Miele hatten – Momente, mit denen sie nicht gerechnet haben und in denen Erwartungen übertroffen wurden. Dieses „Mehr" sind echte Customer Delights.

Mathias Weber: Warum sind diese Customer Delights so wichtig?

Axel Kniehl: Sie sind die Basis des Premiumanspruchs. Es ist der Unterschied zwischen der Zufriedenheit mit einer Marke und der Begeisterung für diese. Insofern sind „delightful Experiences" Weggabelungen in der Customer Journey. Wenn es uns gelingt, den Kunden hier richtig zu leiten, schaffen wir die Grundlage für langfristige Kundenbeziehungen. Customer Delights sorgen für Gesprächsstoff, denn wenn wir begeistert sind, teilen wir

5.3 Miele – Mit Customer Delights ein herausragendes Markenerlebnis schaffen

das in der Familie, mit Freundinnen und Freunden, am Arbeitsplatz – und das alles nicht nur im persönlichen Kontakt, sondern vor allem auch über die sozialen Medien.

Mathias Weber: Miele ist zwar ein Familienunternehmen, hat aber mit mehr als 20.000 Mitarbeitern auch eine beachtliche Größe. Wie schaffen Sie es, das Thema Kundenerlebnis durchgängig präsent zu halten?

Axel Kniehl: Damit Kundeninteraktionen mit Miele zu besonderen Erlebnissen werden, müssen natürlich auch die Mitarbeiterinnen und Mitarbeiter das entsprechende Mindset haben, das zum Anspruch der Marke passt. Die Werte unseres Familienunternehmens, die nahbare und verbindliche Kultur, die langfristige Ausrichtung, Wertschätzung für die Beschäftigten oder die Qualität der Produkte – all diese Faktoren schaffen eine natürliche Begeisterung und Überzeugung für die Marke Miele, die sich auch auf Kunden überträgt. Man könnte sagen, wer für die Marke arbeitet, entwickelt eine Art „Miele-Gen" und wird so Teil der Miele-Familie. Diese Verbundenheit zur Marke spüren auch unsere Kundinnen und Kunden. Und: Wir sind bereit, Entscheidungen im Sinne der Kunden zu treffen, auch wenn diese Geld kosten, denn dies wird über die lebenslange Loyalität vielfach zurückbezahlt.

Mathias Weber: Inwiefern?

Axel Kniehl: Beispielsweise waren unsere Servicetechniker auch in der Corona-Zeit trotz widriger Umstände voll im Einsatz für unsere Kundinnen und Kunden. In einigen Ländern war es zum Beispiel verboten, dass zwei Kollegen aus unterschiedlichen Haushalten zusammen im selben Auto zum Einsatz fuhren. Daher sind sie freiwillig mit zwei Fahrzeugen parallel gefahren. Das Beispiel verdeutlicht das Commitment und die Identifikation mit der Marke. Mitarbeiter im Kundenkontakt werden umfassend geschult, wobei sie die Freiheit, Befähigung und Verantwortung haben, im Sinne des Kunden eigenständig zu handeln und zu entscheiden, etwa wenn es um Kulanzangebote geht. Deshalb gibt es bei uns auch keinen starren Gesprächsleitfäden. Die Mitarbeiterinnen und Mitarbeiter genießen großes Vertrauen; auch das ist Teil der Miele-DNA.

Mathias Weber: Gilt das auch für Mitarbeiter ohne direkten Kundenkontakt?

Axel Kniehl: Kolleginnen und Kollegen mit weniger Kundennähe haben regelmäßig die Möglichkeit, Einblicke in die direkte Kundenrealität zu bekommen, so können sie einen Tag in einem Miele Experience Center mitarbeiten oder mit einem Service Techniker mitfahren, oder sich einmal für eine Weile ins Contact Center setzen und sich mit den Fragen oder Problemen unserer Kunden auseinandersetzen. Auch ohne direkten Kundenkontakt kann beispielsweise ein Produktentwickler abwägen, welche Features tatsächlich echten Nutzen in der Lebensrealität unserer Kunden stiften – und welche vielleicht eher dem Reiz der technischen Machbarkeit entspringen.

Mathias Weber: Stichwort „Kundenrealität": Wie schaffen Sie es, bei bestehenden oder potenziellen Kunden präsent zu bleiben?

Axel Kniehl: Für uns als Premiummarke ist es essenziell, die relevanten Kontaktpunkte zu kennen, sie markengerecht zu gestalten und gezielt zu Trustpoints auszubauen. Um Vertrauen aufzubauen, stehen dabei Klarheit, Konsistenz und Transparenz für Kundinnen und Kunden im Fokus. Konkret setzen wir das beispielsweise durch unsere weltweit rund 200 Miele Experience Center um. Dabei handelt es sich um ein innovatives Direct-to-Customer-Format, das mehr Markenleuchtturm als nur ein Shop ist.

Mathias Weber: Was kann ich als Kunde da erleben?

Axel Kniehl: Sie haben hier die Möglichkeit, unsere Marke mit allen Sinnen live und aus erster Hand zu erleben, ob in Stockholm, London, Paris, New York, Tokio oder Melbourne. Kundinnen und Kunden können sich unsere Geräte vorführen lassen, selbst testen, Kostproben genießen. Dazu gibt es die beste Auswahl und Beratung, die man sich wünschen kann, sodass auch unsere Handelspartner ihre Kunden zur ergänzenden Inspiration zu uns schicken. Wir laden zu Kochevents, Coffee Workshops und Weinproben ein und öffnen uns auch für externe Events. In Deutschland sind wir aktuell im Herzen Berlins mit einem MEC vertreten, an der Ecke Unter den Linden/Friedrichstraße, und in Düsseldorf am Kö-Bogen.

Mathias Weber: Und Sie bleiben in direktem Kontakt mit Ihren Kunden…

Genau. Kundinnen und Kunden stehen im Schnitt nur alle 5 bis 15 Jahre vor der Entscheidung, welche neue Waschmaschine sie kaufen, welchen Backofen oder welchen Geschirrspüler – oder wie sie ihre neue Küche ausstatten. Für uns ist es daher wichtig, mit unseren Kundinnen und Kunden kontinuierlich im Dialog zu bleiben. Es geht auch darum, Vertrauen aufzubauen, dem Kunden das Gefühl von „Peace of Mind" zu vermitteln, also dass sie mit Miele immer wieder eine gute Entscheidung treffen, an der sie lange und ungetrübt Freude haben werden. In der Regel ist das eine Entscheidung fürs Leben.

Mathias Weber: Vielen Dank für das Gespräch, Herr Kniehl

6 Kundenverbunden – Zusammenfassung und Handlungsbedarfe

Worauf kommt es schlussendlich an, um als Marke kundenverbunden zu sein? In diesem Kapitel fassen wir die zentralen Handlungsbedarfe auf Basis der gesammelten Erkenntnisse der vorherigen Kapitel und den Best-Practice-Beispielen in den sechs Gesetzen für echte Kundenverbundenheit zusammen. Diese werden jeweils untermauert und greifbar gemacht durch anwendbare Tipps und Handlungsempfehlungen, wie Sie die Gesetze umsetzen können. Darüber hinaus werfen wir einen Blick in die Zukunft und beschäftigen uns mit der Frage, welche Rolle der Mensch in der Kundeninteraktion im Kontext der zunehmenden Technologisierung unseres Umfelds spielen wird und welche Erfordernisse sich dabei für CX-Verantwortliche ergeben. Ferner geht es abschließend darum, wie das Kundenerlebnis mit der Markenführung zusammenhängt und wie gegenseitige Synergien entstehen.

„A Customer is the most important visitor on our premises.
He is not dependent on us.
We are dependent on him.
He is not an interruption on our work.
He is the purpose of it.
He is not an outsider on our business.
He is a part of it.
We are not doing him a favour by serving him.
He is doing us a favour by giving us an opportunity to do so." (Mahatma Gandhi)

6.1 Kundenverbunden sein – Die sechs Gesetze

Einer aktuellen Studie von Forrester Research zufolge, werden 20 % aller CX-Programme in naher Zukunft eingestellt. (Forrester 2023). Das bedeutet, dass CX-Programme Ergebnisse liefern müssen, um weiterhin mit internen Ressourcen in Form von

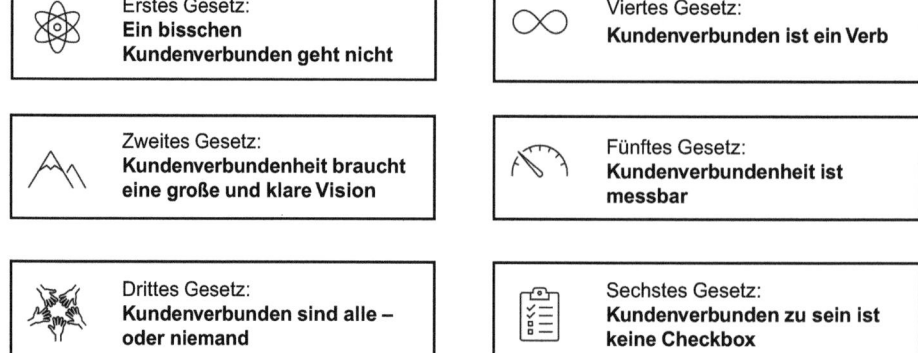

Abb. 6.1 Sechs Gesetze, um kundenverbunden zu werden. (Quelle: Eigene Darstellung)

personeller Kapazität, Budgets und Aufmerksamkeit versorgt zu werden. Wie wir zu Beginn des Buches gesehen haben, sind die Ergebnisse bisher nicht zufriedenstellend. Erinnern wir uns zurück an die große Umsetzungslücke: 80 % aller Unternehmen behaupten eine sehr gute Customer Experience zu liefern, während dies nur 8 % der Kunden bestätigen (vgl. Abb. 1.3). Wie wir gesehen haben, sind Kundenbedürfnisse sehr vielschichtig und komplex. So ist es unmöglich, dass ein CX-Team, oder einzelne Personen für begeisternde Kundenerlebnisse allein verantwortlich sein können.

Kundenerlebnisse sind immer Gemeinschaftsleistungen. Das heißt, dass in Organisationen alle – vom Pförtner bis zur Geschäftsführung einen wichtigen Part dafür übernehmen. Kundenverbunden zu sein heißt also auch, CX als isolierten Bereich zu streichen und isolierte Silos in Form von gesonderten Programmen aufzulösen.

Als Zusammenfassung der wichtigsten Handlungsbedarfe werden im Folgenden Teil Sie als CX-Verantwortlicher direkt angesprochen (vgl. Abb. 6.1). Was müssen Sie tun, damit Ihr Unternehmen kundenverbunden wird? Welche Stolpersteine gilt es zu überwinden? Dabei spielt es keine Rolle, ob Sie in einer Führungsposition oder auf operativer Ebene tätig sind.

6.1.1 Erstes Gesetz: Ein bisschen Kundenverbunden geht nicht

In vielen Unternehmen, vor allem den großen, werden eine Vielzahl von Projekten und Initiativen ausgearbeitet und mehr oder minder erfolgreich „implementiert". Beispielsweise gilt es, die Kulturwerte zu definieren, Führungsleitbilder zu vermitteln oder eben eine CX-Initiative zum Leben zu erwecken. Manchmal sind diese Projekte leider nicht von sehr langer Dauer, zum Teil werden sie bereits nach ein oder zwei Jahren wieder "eingestampft" oder durch neue ersetzt. Das führt dazu, dass viel gemacht wird, aber langfristig wenig bei Mitarbeitern hängen bleibt oder im schlimmsten Fall sogar Zynismus hervorruft: „Wieder eine neue Sau, die durchs Dorf getrieben wird". Die Bedeutung des Kunden muss also langfristig hochgehalten werden, damit sie bei allen Mitarbeitern ankommt. Ferner gilt es, angrenzende Initiativen entsprechend zu verzahnen. Die oben genannten Beispiele haben alle eine Schnittmenge: das Kundenerlebnis. Dafür erforderlich ist das dauerhafte Commitment und Vorleben von ganz oben, was wiederum voraussetzt, dass die wichtigsten Führungskräfte einem Unternehmen für längere Zeit treu bleiben und nicht alle zwei Jahre neue Köpfe mit neuen Stoßrichtungen ins Unternehmen kommen. Andernfalls ist jede CX-Bemühung zum Scheitern verurteilt und wandert spätestens bei der nächsten internen Budgetrunde nach unten in der Prioritätenliste. Die Bedeutung, die Chancen, aber auch der erforderliche lange Atem muss der Unternehmensleitung bewusst sein. Nur dann ist sie bereit, langfristig Ressourcen bereitzustellen. Wie können Sie das als Verantwortlicher und Treiber konkret umsetzen?

Zeigen Sie den Mehrwert – heute und in Zukunft
Kundenverbunden zu werden ist eine Veränderung, der wie jeder Change Prozess für Verunsicherung sorgen kann und eine gewisse Ausdauer benötigt. Das ist normal. Ihre Aufgabe ist es, im Prozess immer wieder auf bereits realisierte Erfolge und zukünftige Erfolgspotenziale hinzuweisen. Das kann positives Feedback von Kunden sein oder das Lob eines Kollegen, der sich aktiv mit Ihrem CX-Programm auseinandergesetzt hat. Halten Sie die Fahne hoch und werden Sie zum Anwalt des Kunden in Ihrem Unternehmen, auch und gerade dann, wenn es einmal Gegenwind gibt.

Bauen Sie Brücken statt Mauern
Früher oder später werden Sie aller Wahrscheinlichkeit nach auf parallele Initiativen in Ihrem Unternehmen stoßen. Statt diese zu ignorieren oder sogar argumentativ gegen diese zu arbeiten, ist es oft klüger, eine Verbindung zu anderen Initiativen zu generieren und so Verbündete zu schaffen und damit langfristige Synergien zu heben. Wie lässt sich beispielsweise ein neues Führungsleitbild mit Ihren Anstrengungen für den Kunden verknüpfen? Wie lassen sich Aspekte aus der Markenpositionierung in typische und damit differenzierende Kundenerlebnisse übersetzen?

Bleiben Sie selbst begeistert und stecken Sie andere an
Dass Sie selbst an Kundenverbundenheit glauben und voll und ganz davon überzeugt sind, ist eine wichtige Voraussetzung dafür, dass Sie andere anstecken und überzeugen können. Vielen von uns fällt es leicht, eine neue Aufgabe oder ein neues Projekt mit Elan anzugehen. Die größere Herausforderung ist oft, den Schwung und die eigene Begeisterung für sein Thema über eine lange Zeit (viele Jahre) aufrecht zu erhalten. Ohne dieses Commitment geht es jedoch nicht.

6.1.2 Zweites Gesetz: Je klarer und größer die Vision, desto mehr Kundenverbundenheit

Eine klare, gemeinsame und erstrebenswerte Vision zu definieren ist eine wichtige, oft unterschätzte Grundlage für jede CX-Initiative. Können Sie in einfachen Worten beschreiben, welche Rolle Ihre Marke in der Zukunft für Ihre Kunden spielen soll? Welche Schritte sind erforderlich, um da hinzukommen? Diese beiden Fragen mögen einfach klingen, sind aber in den allermeisten Fällen nicht einfach zu beantworten. Sind diese Fragen aber einmal ausgesprochen, diskutiert, gemeinsam beantwortet, so ist die konsequente Umsetzung aller notwendigen Schritte auf dem Weg dahin die logische Folge und fällt viel einfacher von der Hand. Sind die Fragen nicht beantwortet, gerät der Prozess der Veränderung früher oder später ins Stocken, da das gemeinsame, große Ziel fehlt, auf das hingearbeitet wird. Die Voraussetzung dafür ist, dass die Vision von allen relevanten Verantwortlichen im Unternehmen gleichermaßen getragen wird. Ist dies der Fall, ist sie ein wertvoller Indikator zur Kurskorrektor oder wenn es einmal unterschiedliche Meinungen gibt. Die Vision ist immer der gemeinsame Nenner und gibt Antworten auf die großen und zukünftigen Fragen. Ganz entscheidend ist es, dass Ihre Vision nicht nur ein mutiger Satz in der Unternehmenspräsentation ist, sondern Einzug ins Tagesgeschäft aller Mitarbeiter findet. Das mag vielleicht selbstverständlich klingen, doch die Übertragung in die Praxis ist alles andere als trivial. Schauen wir uns ein paar Schritte an, die Sie dabei berücksichtigen können.

Machen Sie Ihre Vision so eindeutig und ansprechend wie möglich

„Wenn du es nicht in einfachen Worten erklären kannst, hast du es nicht gut genug verstanden."

– so soll es Albert Einstein einmal gesagt haben. Für Ihre Vision bedeutet das: Erst wenn Sie sie in wirklich einfachen Worten und kurz erklären können, haben Sie die nötige Klarheit gewonnen. Ferner muss die Vision auch emotional ansprechend und somit erstrebenswert sein. Nur so erlangt sie echte Relevanz auf breiter Basis und für jeden im Unternehmen. Ihre Vision muss groß genug sein, damit sich verschiedene Bereiche und Individuen darin wiederfinden und sich abgeholt fühlen. Sie darf also nicht zu granular oder oberflächlich formuliert werden.

Eine Vision umzusetzen, heißt, die Komfortzone zu verlassen

Ihre Vision klingt attraktiv und ist ansprechend formuliert – was jedoch nicht bedeutet, dass die Umsetzung einfach ist. Das Gegenteil ist der Fall. Jede Vision orientiert sich definitionsgemäß nicht am Status Quo, sondern beschreibt die angestrebte Veränderung. Sie verkörpert damit Situationen, die über die Komfortzone hinausgehen. Dabei dürfen Sie nicht übersehen, dass Sie die Komfortzone immer noch überwinden müssen, um den angestrebten Zielzustand zu erreichen. Am besten, Sie gehen stets mit gutem Beispiel voran und versuchen, für andere ein Vorbild zu sein.

Halten Sie die Vision präsent
Dabei hilft, wenn Sie als Führungskraft bzw. CX-Verantwortlicher im Tagesgeschäft immer wieder den Bezug zur Vision schaffen – wenn es Erfolge zu feiern gibt, aber auch, und gerade dann, wenn Dinge schieflaufen und sich anders als geplant oder erhofft entwickeln. Halten Sie an Ihrer Vision fest, kommunizieren Sie sie regelmäßig in Wort, Bild und durch Ihre Handlungen. Nur so bleibt die Vision allen im Gedächtnis und wird ernst genommen. Das aktive Gewinnen von Kollegen, Mitarbeitern und Partnern für Ihre Vision ist eine fortlaufende und sehr wichtige Aufgabe und damit Grundvoraussetzung, um wirklich kundenverbunden zu werden.

6.1.3 Drittes Gesetz: Kundenverbunden sind alle – oder niemand

„Dafür ist bei uns das Marketing zuständig." – *„Um alles, was Kunden begrifft, kümmert sich bei uns der Vertrieb."* – *„Da müssen Sie sich an unseren Kundensupport wenden".* Kommen Ihnen diese oder ähnliche Sätze bekannt vor? Vielleicht haben sie den einen oder anderen Satz als Kunde selbst schon einmal zu hören bekommen. Als Kunde ist es für Sie völlig irrelevant, wie die internen Zuständigkeiten geregelt sind, Sie wollen Ihr Problem gelöst bekommen. Selbstverständlich können und müssen nicht alle Mitarbeiter in Ihrem Unternehmen jedes Kundenanliegen selbst lösen. Was jedoch jedem Mitarbeiter bewusst sein sollte, ist die negative Wirkung solcher „Nicht-Zuständigkeits-Aussagen": Sie bewirken, dass Kunden sich nicht gut aufgehoben, im schlimmsten Falle sogar fehl am Platz fühlen. Es muss daher im Verantwortungsbereich eines jeden Mitarbeiters liegen, für Kundenprobleme ein offenes Ohr zu haben, sie anzunehmen, wenn erforderlich an einen spezialisierten Kollegen weiterzugeben und bei Bedarf beim Kunden nachzuhaken, ob das Problem für ihn behoben wurde. Diese Sensibilisierung und Verhaltensänderung in der Breite zu schaffen, ist ein zentraler Schlüssel, damit ihr CX-Programm zum Erfolg wird. Wie können Sie das konkret umsetzen?

Halten Sie wichtige Stakeholder informiert und involviert
Um Silos aufzubrechen, brauchen Sie das Buy-in und die Unterstützung aus unterschiedlichen Funktionsbereichen und das auf verschiedenen Hierarchiestufen. Gewinnen Sie frühzeitig wichtige Stakeholder durch offenen Dialog und Co-Creation-Formate. Fördern Sie aktiv und regelmäßig einen offenen Austausch, indem Sie z. B. über den Programmfortschritt regelmäßig (z. B. alle drei Monate) in größeren Gremien berichten und die Teilnehmer aktiv um Feedback und Gedanken zur Weiterentwicklung bitten.

Ermöglichen Sie Austausch und Selbstreflexion
Zugegebenermaßen ist der Kunde für viele Mitarbeiter in manchen Unternehmen wenig bis gar nicht präsent. Daher wäre es vermessen zu erwarten, dass sich diese Tatsache von heute auf morgen ändert. Die Erkenntnis, dass das eigene Schaffen sich direkt oder indirekt auf das Kundenerlebnis auswirkt, ist das Ergebnis eines Lernprozesses

und entsprechender Selbstreflexion. Die Bereitschaft, das eigene Handeln dahingehend zu verändern, das Kundenerlebnis in Zukunft noch besser zu machen, erfolgt in einem zweiten Schritt. Beispielsweise kann das der Vorsatz sein, Kundenanliegen zukünftig besser zu berücksichtigen, auch wenn es kein expliziter Teil der eigenen Stellenbeschreibung ist. Förderlich ist dabei ein gemeinsamer Kundenkompass als tägliches Werkzeug und zusätzlich regelmäßige Kommunikationsformate wie Workshops, die abteilungsübergreifenden Austausch ermöglichen.

Ermutigen Sie und bestärken Sie
Nicht unerheblich ist letztendlich die Tonalität, mit der Sie intern Ihre Botschaft kommunizieren. Die Botschaft, dass Kundenerlebnisse nicht gut sind oder nur durch einige wenige Mitarbeiter besonders gut werden, ist intern meist schwierig und führt zu Widerstand und Rechtfertigung. Anstelle des „erhobenen Zeigefingers" hat sich eine motivierende Ansprache bewährt, beispielsweise mit der Kernbotschaft wir machen bereits vieles richtig für das Erlebnis unserer Kunden, haben aber das Potenzial noch besser bzw. konsistenter zu werden. In Verbindung mit positiven Beispielen von echten Kundensituationen oder Kundenfeedback fühlen sich Kollegen besser mitgenommen und sind dadurch eher bereit, das eigene Handeln zukünftig mehr zu hinterfragen und zu verändern.

6.1.4 Viertes Gesetz: Kundenverbunden ist ein Verb

Kundenverbunden zu sein ist kein abstraktes Konzept, sondern wird durch unser Verhalten jeden Tag ganz konkret. Denn genauso, wie wir nicht nicht kommunizieren können, können wir uns nicht nicht verhalten. Verhalten findet immer statt. Dadurch ist es so wichtig, dass die definierte Vision des geplanten CX-Programms und der zukünftigen Ausrichtung anhand von Verhaltensweisen tangibel und für alle verständlich gemacht wird. Haltung erzeugt Verhalten. Während Papier bzw. PowerPoint Charts geduldig sind, ist die viel größere Herausforderung oft, die Köpfe, Herzen und Hände aller im Unternehmen zu erreichen und ins Handeln zu kommen und im Handeln zu bleiben. Das ist die eigentliche Arbeit. Welche Maßnahmen können Sie dabei unterstützen?

Trainieren Sie kundenverbundenes Verhalten
So wie Sie das „Warum" und das „Was" Ihrer CX-Initiative an die Mitarbeiter vermitteln müssen, müssen Sie in einem weiteren Schritt auch Klarheit darüber schaffen, „Wie" das ganze umzusetzen ist, bzw. welches Verhalten dafür erforderlich ist. Erst durch das Verhalten wird Kundenverbundenheit konkret und tangibel für das Tagesgeschäft. Die gute Nachricht dabei ist, dass Verhalten trainiert und gecoacht werden kann. So können Sie beispielsweise in internen Workshops konkrete Situationen mit Kunden oder Kollegen simulieren und dabei gemeinsam diskutieren, welche Verhaltensweisen im jeweiligen Fall die richtigen sind.

Geben Sie Richtlinien statt Vorgaben

Kundensituationen sind oft hoch individuell aufgrund von Faktoren wie individuelles Anliegen, Persönlichkeit des Kunden, Persönlichkeit des Mitarbeiters, äußere Umstände etc. Skripte für den Kundenumgang sind daher oft nur für Standard-Interaktionen geeignet. Zu spezifische Vorgaben sind ferner für den Mitarbeiter wenig motivierend und können auf Kundenseite einstudiert oder gar roboterhaft wirken. Für echte Mensch-zu-Mensch-Beziehungen ist daher individuelles Empowerment erforderlich. Dafür hilft es, eine grobe Richtlinie für die gewünschten Verhaltensweisen zu geben, in dem Sie beispielsweise den Kundenkompass Ihrer Marke (siehe Abschn. 2.6) mit ausgewählten, übergreifend gültigen Verhaltensweisen anreichern. Gleichzeitig ermutigen Sie Ihre Kollegen dazu, in jeder Kundeninteraktion selbst zu entscheiden, wie Wow-Momente geschaffen werden können. Sie geben damit die Leitplanken vor, in denen Mitarbeiter individuell entscheiden können.

Finden Sie die ideale Balance zwischen Push- und Pull-Instrumenten

Wie beschrieben, sollte der Schwerpunkt beim Thema Verhalten im Bereich des individuellen Empowerments liegen. Ihre CX-Initiative ist eine Einladung an die Kollegen, für individuelle Kundenbegeisterung zu sorgen. Sie sprechen damit das Vertrauen aus, dass jeder dazu in der Lage ist und sorgen damit für Motivation (Pull-Faktor). Gleichzeitig kann es erforderlich sein, gewisse Instrumente mit Push-Faktor hinzuzufügen, beispielsweise quantitative Ziele, die sich Teams und Individuen analog der OKR-Logik entweder selbst setzen können, oder die auf Führungsebene in Form von Jahreszielen und dergleichen festgeschrieben werden. Das CX-Programm sollte mehr Pull- als Push-Charakter haben, es sollte im Idealfall allen Beteiligten Spaß machen, da es etwas Sinnvolles und Konkretes im Unternehmen ist, zu dem jeder beitragen kann.

6.1.5 Fünftes Gesetz: Kundenverbundenheit ist messbar

Wie kundenverbunden eine Marke ist, können Sie messen, auch wenn es dafür nicht die eine definierte Kennzahl gibt. Doch nur weil etwas schwer zu messen ist, heißt das nicht, dass es gar nicht messbar ist bzw. nicht existiert. Für Sie im Unternehmen mag das Konzept vielleicht schwer greifbar sein – für Ihre Kunden ist es das nicht. Sie werden Ihnen recht schnell und eindeutig beantworten können, wie verbunden sie sich zu Ihrer Marke fühlen aufgrund der Erlebnisse, die sie hatten. Statt sich auf die langwierige Suche nach potenziellen neuen, geeigneten Messgrößen zu machen, schauen Sie lieber, was aktuell bereits bei Ihnen im Unternehmen regelmäßig erhoben wird und ob Sie daraus zunächst eine „Brücken-Kennzahl" für Kundenverbundenheit machen können. Steigt beispielsweise die Loyalität oder Weiterempfehlungsbereitschaft Ihrer Kunden, wäre das ein Indikator, dass Sie auf dem richtigen Weg sind. Gerade weil der Aufbau eines kundenzentrierten Mindsets ein langfristiges Ziel ist, müssen wir auf dem Weg dahin regelmäßig schauen, ob wir noch „on track" sind, oder ob wir den Kurs besser korrigieren sollten. Daher ist Messung unerlässlich. Bei der Umsetzung sollten Sie folgende Punkte berücksichtigen.

Fangen Sie mit den bereits verfügbaren Kennzahlen an
Greifen Sie auf vorhandene Messgrößen zurück, sprechen Sie mit Kollegen und auch mit Kunden, um die gesamte Bandbreite zu verstehen und wählen Sie dann gezielt aus, welche Kennzahlen zum Erfolgstracking die relevantesten sind. Versuchen Sie dabei eine gewisse Regelmäßigkeit, bzw. Messroutine zu gewährleisten. Nur so sehen Sie Veränderungen. Wenn die Erkenntnisse zu ungenau sind, können Sie im weiteren Verlauf auf Basis der gewonnenen Erfahrung – falls erforderlich – weitere, zusätzliche Kennzahlen einführen.

Kommunizieren Sie die gewonnenen Erkenntnisse
Das Kundenerlebnis gestalten viele Parteien in Ihrem Unternehmen mit – direkt und indirekt. Daher sollten die Erkenntnisse zum Status Quo in Form von Kennzahlen oder qualitativem Kundenfeedback auch in der Breite geteilt werden. Pflegen Sie eine offene und transparente Kommunikation. Vor allem, wenn einmal die Zahlen oder das Kundenfeedback nicht so positiv ausfallen sollten, erfordert das intern eine Kultur des Zuhörens, der Empathie und auch der Einsicht, dass Fehler gemacht werden können und man gemeinsam daraus lernen kann.

Steuern Sie auf Basis Ihrer Insights
Nutzen Sie die gewonnenen Erkenntnisse im Rahmen von Steuerungsmaßnahmen. Gehen Sie den Dingen auf den Grund. Suchen Sie nach Verbesserungen, sprechen Sie mit Ihren Kollegen, welche kleinen und großen Maßnahmen zur gewünschten Veränderung führen. Verlieren Sie dabei nicht das Auge für die richtigen Prioritäten. Was hat den größten Einfluss auf das Kundenerlebnis und kann gleichzeitig schnell und mit wenigen Ressourcen verbessert werden?

6.1.6 Sechstes Gesetz: Kundenverbunden zu sein ist keine Checkbox

Wer fragt, wann die Mission erreicht ist, hat die Mission nicht verstanden. Kundenverbunden zu sein, ist nichts, worauf man sich ausruhen kann. Kundenverbundenheit hat kein Enddatum und keine Ziellinie. Kundenverbunden ist kein Projekt oder Programm, welches abzuschließen ist. Es ist ein langfristiges Mindset. Kundenverbunden zu werden und zu bleiben, ist ein permanentes Unterfangen. Wer sich beispielsweise eine gewisse körperliche Fitness erarbeitet hat und dann seine Ernährung vernachlässigt und nicht mehr regelmäßig trainiert, wird sehr schnell wieder in den Ausgangszustand zurückfallen. Auch von Ihnen als CX-Verantwortlicher wird daher eine gehörige Portion Ausdauer abverlangt. Es mag einfacher sein, ganz opportun auf die aktuellen Trendthemen und quartalsweise wechselnden Buzzwords unserer Zeit aufzuspringen, doch genau dieses dauerhafte Dranbleiben macht am Ende den Unterschied. Kundenfokus erfordert ein tiefes Commitment von allen Beteiligten, für eine lange Zeit. Wie können Sie dieses Commitment dauerhaft schaffen?

Kundenverbunden zu bleiben ist schwerer als es zu werden
Es ist schwierig, einen erfolgreichen Kulturwandel herbeizuführen. Es kann mindestens genauso schwierig sein, ihn aufrechtzuerhalten. Eine bessere Platzierung im Kundenzufriedenheitsranking, ein neuer Absatzrekord im Vergleich zum letzten Jahr – all das sind Beispiele für Erfolge, die kurzfristig für viele Menschen motivierend und damit Ansporn sind. Die Botschaft, dass die harte Arbeit dafür immer wieder aufs Neue erforderlich ist, mag für viele weniger motivierend erscheinen. Versuchen Sie daher, stets Vorbild für andere zu sein und die „Kunden-Fahne" hochzuhalten. Wo möglich kommen Sie selbst einmal an den Punkt, wo sie es „nicht mehr hören und sehen können". Machen Sie sich bewusst, dass das oft ein Stadium ist, bei dem es bei anderen gerade erst anfängt zu wirken und ein Zeichen dafür, dass Sie auf dem richtigen Weg sind.

Nicht jede Anstrengung wird ein Erfolg
Dennoch wird auf der Reise zu mehr Kundenfokus nicht alles so verlaufen wie geplant. Es wird Hindernisse, Rückschläge und Widerstände geben – machen Sie sich dies von Anfang an bewusst. Entscheidend ist, wie Sie damit umgehen. Herausforderungen und Probleme sind oft eine Chance, eigene Ansätze zu hinterfragen, zu verbessern und so letztlich zu lernen. Auch kann eine iterative Arbeitsweise dabei helfen, stets lern- und lösungsorientiert mit Widerständen oder unerwarteten Problemen umzugehen.

Einfach, aber nicht leicht
Einen langen Atem haben, Vorbild sein, Widerstände aus dem Weg räumen, Zweiflern den Wind aus den Segeln nehmen – das klingt nachvollziehbar, logisch und in der Theorie vielleicht sogar simpel. Doch je einfacher die Dinge klingen, desto schwieriger sind sie in der Realität manchmal umzusetzen. Denn sie führen dazu, die eigene Komfortzone immer wieder zu verlassen, kurzfristig Prioritäten verschieben zu müssen oder vermeintliche Argumentationen zu führen, die aus Ihrer Sicht „eigentlich" klar sind. Machen Sie sich bewusst, dass das oft die Momente sind, die sich langfristig auszahlen – genauso wie ein Muskel nur dann wächst, wenn Sie ein gewisses Level an Belastung erreichen und so Stärke aufbauen.

6.2 Blick in die Zukunft – Der menschliche Faktor schafft Mehrwert und Differenzierung

Schauen wir mit diesen Erkenntnnissen einmal nach vorne – in die Zukunft. Künstliche Intelligenz, Internet of Things, Bitcoin, Virtual Reality – die Veränderungen durch die gegenwärtige technologische Entwicklung werden die Art und Weise deutlich verändern, wie Marken mit ihren Kunden interagieren. In naher Zukunft leben wir in einer Welt, in der Autos vermutlich selber fahren oder Kühlschränke selber einkaufen werden. In der Studie „Brands 2030" prophezeit das US-Beratungsunternehmen Foresight Alliance u. a. dass autonome Marken mit künstlicher Intelligenz entstehen werden – beispielsweise weil sie durch Algorithmen die Bedürfnisse ihrer Kunden schneller und besser kennen als die Kunden selbst (vgl. Foresight Alliance 2023). Diese Bedürfnisse können sie in Zukunft automatisch, ohne menschliches Zutun erfüllen. Sicher ist, dass die Anzahl und Geschwindigkeit der verfügbaren Daten zunehmen wird. Damit steigen auch deutlich die Möglichkeiten, wie Marken in Zukunft noch schneller, besser und umfassender relevante Lösungen liefern können. Wird Technologie in Zukunft so smart, dass sie eigenständig in der Lage ist, Kunden zu begeistern? Bereits heute zeichnet sich klar ab, dass in Zukunft noch mehr Kundeninteraktionen automatisiert oder mithilfe künstlicher Intelligenz abgewickelt werden. Es wird zwei Arten von Kundenerlebnissen geben: Die, bei denen die menschliche Verbindung im Vordergrund steht (die Minderheit) und diejenigen, bei denen dies nicht der Fall ist (die Mehrheit). Denken wir z. B. an den typischen Chatbot oder den digitalen Assistenten in der Hotline, die bei den meisten Unternehmen heute schon der erste Anlaufpunkt für Kunden sind. Gleichwohl ist der menschliche Anteil an Kundenbegeisterung in vielen Branchen nicht zu unterschätzen (vgl. Abb. 6.2, in Anlehnung an Deloitte 2023). Die zunehmende unpersönliche digitale Interaktion führt nicht nur zu weniger Kundenbegeisterung, sondern gleichzeitig auch zu vermehrtem Frust bei Kunden (vgl. Porath 2023).

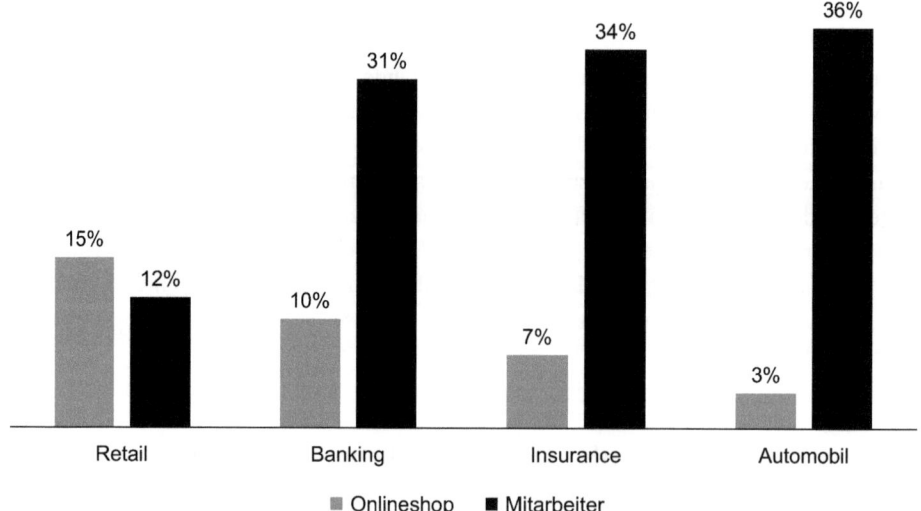

Abb. 6.2 Der menschliche Faktor für Kundenbegeisterung in verschiedenen Branchen. (Quelle: Eigene Darstellung, in Anlehnung an Deloitte 2023)

Für den Einsatz von Technologie im Kontext der Kundeninteraktion können wir zwei Entwicklungstrends für die Zukunft feststellen.

Entwicklung 1: Technologie schafft in Zukunft noch mehr Effizienz
Bilderkennung, Machine Learning, Mustererkennung, Sprachverarbeitung, Text to Speech etc. – diese und andere Anwendungsformen von künstlicher Intelligenz sind derzeit in aller Munde. Viele davon kommen bereits heute bei vielen Unternehmen vor allem im Marketing-, Vertriebs- und Kundenservicekontext erfolgreich zum Einsatz. Die Tools helfen Unternehmen beispielsweise dabei, Zielgruppen besser zu verstehen und gezielter anzusprechen oder dabei, Leads schneller und automatisch zu qualifizieren oder im Hintergrund fallspezifisch produktbezogenes Know-how für den Servicemitarbeiter im Kundengespräch zu liefern. Künstliche Intelligenz wird in Zukunft zusätzliche Effizienz schaffen und dabei auch intensiver und direkter mit dem Kunden interagieren.

Entwicklung 2: Technologie macht die Rolle des Menschen in Zukunft noch wichtiger
Zu jedem Trend gibt es einen Gegentrend. Die bewusst eingesetzte Interaktion mit einem echten Menschen wird so zum Differenzierungsfaktor. Rechnet man damit, dass Mensch-zu-Mensch-Verbindungen auch in Zukunft stärker sind als Maschine-zu-Mensch-Verbindungen, kann man davon ausgehen, dass die menschliche Verbindung in Zukunft wichtig bleiben wird. Noch kann eine künstliche Intelligenz Faktoren wie Empathie, Kreativität und menschliche Wärme nicht ersetzen. (vgl. Precht 2022; Gawdat 2021) Vor allem Premium- und Luxusmarken haben dadurch die Chance, ihr Preispremium zu rechtfertigen und einen zusätzlichen Differenzierungsfaktor zu schaffen – durch hochwertige, menschliche Interaktionen. Daher nochmal: Menschen werden von Menschen begeistert. Erinnern Sie sich noch an die zu Beginn im Buch gestellte Frage, wann Sie als Kunde das letzte Mal begeistert waren? Mit hoher Wahrscheinlichkeit war ein Mensch daran beteiligt. Andersherum betrachtet sorgt Technologie in der Kundeninteraktion jedoch für Frustration bei Kunden. Laut einer aktuellen Studie geben 30 % der Kunden an, dass sie nach einer negativen Chatbot-Erfahrung zu einer anderen Marke wechseln, den Kauf ganz abbrechen und ihren Freunden und ihrer Familie von ihrer schlechten Erfahrung mit der Marke erzählen würden (vgl. Cyara 2023). Doch Technologie und Mensch müssen keine gegensätzlichen Pole sein, sie können gewinnbringend miteinander verknüpft werden.

Kundeninteraktionen mit Human Touch dank neuer Technologie gestalten
Der Einsatz moderner Technologien in Kundeninteraktionen hat durchaus einige Vorteile. Denken wir beispielsweise an eine typische Support-Anfrage eines Kunden. Durch den Einsatz von Chatbots oder Self-Help-Portalen können Kunden schnell, zielgerichtet und autonom Lösungen für ein Problem finden. Diese Kanäle sind jedoch oft nur die erste Anlaufstelle für Kunden, da sie auch einige Nachteile aufweisen. Sie tragen nicht zum Aufbau einer persönlichen Beziehung bei, sondern schaffen eher Distanz.

Authentische und empathische Dialoge setzen immer eine Mensch-zu-Mensch-Interaktion voraus. Schauen wir uns daher im folgenden an, welche Prinzipen dabei helfen, die Vorteile beider Ansätze für die eigene Marke zu nutzen (vgl. Abb. 6.3).

Erstes Prinzip: Kundenerlebnis vor Effizienz
„Für Fragen zur Rechnung drücken Sie bitte die 3", „Der nächste freie Mitarbeiter steht gleich für Sie zur Verfügung". Vor allem bei den klassischen Service-Hotlines entsteht leider oft der Eindruck, Unternehmen wollen gar nicht mit Kunden sprechen und machen die Kontaktaufnahme bewusst schwerfällig, z. B. durch lange Wartezeiten oder durch kaum auffindbare direkte Kontaktmöglichkeiten, wie der Telefonnummer. Das mag für das Unternehmen sehr effizient sein, dabei helfen Fallzahlen zu reduzieren und Ressourcen sparen, für Kunden ist es in der Regel ein frustrierendes Erlebnis, in dem viel Unmut entsteht und Markenbindung verloren gehen kann. Weniger Aufwand für den Mitarbeiter im Unternehmen heißt im Umkehrschluss oft mehr Aufwand für den Kunden. Daher ist es sinnvoll, mit dem idealen Kundenerlebnis anzufangen und von da aus den Prozess sowie die Kanäle rückwärts zu gestalten. Für ein personalisiertes und nahtloses Erlebnis stehen mehrere Kanäle (wie Telefon, E-Mail, Chat oder soziale Medien) zur Verfügung. Ferner kann und soll auch eine proaktive Kontaktaufnahme mit dem Kunden (z. B. nach dem Kauf) erfolgen, beispielsweise um Feedback einzuholen oder um kleinere Probleme zu beheben, bevor sie zu größeren Problemen werden.

Zweites Prinzip: Mensch im Fokus, Technologie im Hintergrund
Technologie muss nicht der Feind menschlicher Interaktion sein, sie sollte sie unterstützen. Dafür gilt es, die genauen Stellen in der Customer Journey zu definieren, in der beispielsweise ein Chatbot routinemäßige Fragen beantworten kann oder wo menschliche

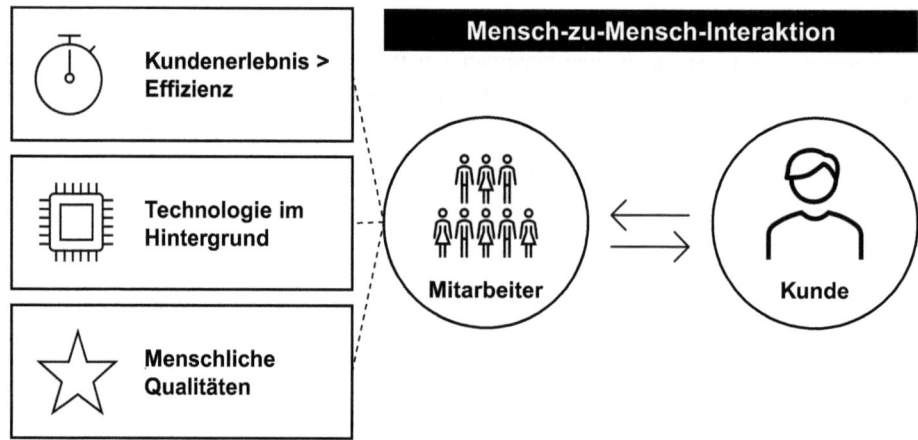

Abb. 6.3 Drei Prinzipien für den Einsatz von Technologie bei Mensch-Mensch-Interaktionen. (Quelle: Eigene Darstellung)

Interaktion stattfindet. Bei automatisierten Lösungen sollte Erwartungsmanagement betrieben werden, also beispielsweise sollte kommuniziert werden, was der Chatbot kann und was nicht. Auch sollte der Übergang von einem Medium zum anderen möglichst einfach und schnell erfolgen, also ohne lange Wartezeit, und ohne dass der Kunde sein Anliegen wieder von neuem erklären muss. Dem menschlichen Servicemitarbeiter kann die Arbeit durch Technologie erleichtert werden, indem sie ihm Informationen und Erkenntnisse in Echtzeit liefern und Routineaufgaben wie Dateneingabe und Anrufweiterleitung automatisieren. Der Mensch kann sich dadurch voll und ganz auf den Kunden konzentrieren und so beispielsweise besser zuhören und bessere Lösungen für den Kunden finden. Gelingt diese Balance, werden menschliche Interaktionen besser. Einfache Transaktionen können durchaus automatisiert werden, das spart auch dem Kunden Zeit. Die Momente, in denen aber echtes Vertrauen und eine menschliche Komponente benötigt wird, sollten ganz bewusst und mit diesem Ziel geschaffen werden.

Drittes Prinzip: Menschliche Interaktionen erfordern menschliche Qualitäten
Unterstützen und empowern Sie Ihre Mitarbeiter dabei, für die Kunden das Beste zu machen. Prozesse und Tools, die sie dafür bereitstellen, dürfen also die menschliche Verbindung nicht untergraben, sondern müssen sie fördern. Beispielsweise muss Software im Kundenkontakt oder ein Kassensystem so gestaltet sein, dass der Mitarbeiter dem Kunden seine volle Aufmerksamkeit schenken kann und nicht über die richtige Tastenkombination nachdenken muss. Ferner braucht es das Vertrauen und die Freiheit, dem Mitarbeiter gegenüber, auf Kundenbedürfnisse individuell eingehen zu dürfen. Diese menschlichen Qualitäten spielen bei der Mitarbeiterauswahl und Mitarbeiterqualifizierung eine wichtige Rolle.

Solange Kunden Menschen sind, sind auch Menschen gefragt, die sich um ihre Bedürfnisse kümmern. Auch und gerade weil unsere Welt und unser Alltag immer mehr durch neue Technologien beeinflusst wird, wird die Mensch-zu-Mensch-Verbindung im Kontext von Marken- und Kundeninteraktionen eine besondere und nicht zu ersetzende Komponente bleiben. Menschen werden also auch zukünftig von Menschen begeistert. Unternehmen, die sich dies zu Herzen nehmen, werden somit ein relevantes Alleinstellungsmerkmal für ihre Marke haben.

▶ **Perspektivwechsel** Denken Sie heute schon an morgen? Wie sehen Kundeninteraktionen Ihrer Marke zukünftig aus und wie fällt die ideale Balance zwischen Mensch und Technologie aus?

6.3 Das Kundenerlebnis ist nicht nur Teil der Marke, es ist die Marke

Ihre Marke ist viel mehr als Ihr Logo oder der neue Claim. Sie ist das, was Kunden über sie denken und sagen. Jede Kundeninteraktion ist mehr als ein Weg, ein Produkt oder eine Dienstleistung zu verkaufen. Eine gute Kundeninteraktion ist ein Kundenerlebnis und wird somit zum Produkt selbst. Kunden schätzen die Experience oder das „Drumherum" oft genauso wie das eigentliche Produkt oder die eigentliche Dienstleistung. Deswegen sind sie nicht zwangsläufig loyal in Bezug auf die Produkte, aber jedoch in Bezug auf die Erlebnisse, die sie bekommen (vgl. Bates und Petouhoff 2022). Branchen wie die gehobene Hotellerie oder Luxusmarken haben dies längst erkannt und machen das Kundenerlebnis zur obersten Priorität. Doch auch andere Branchen können das Kundenerlebnis zu einem strategischen Wettbewerbsvorteil machen. Im Kontext von Globalisierung, Digitalisierung und Wertewandel haben Kunden tendenziell immer mehr Auswahl, Produkte werden immer austauschbarer, ein zunehmender Preiswettbewerb ist die Folge.

Wie wir gesehen haben, bietet das Kundenerlebnis für viele Marken in diversen Branchen ein unerschlossenes Potenzial. Mit vergleichsweise wenig Aufwand können Marken hier schnell einen positiven Unterschied machen. Denn über Verhalten und Kundenerlebnisse können Marken wirksam vom Wettbewerb differenziert werden. Kurze Wartezeiten, freundliche Mitarbeiter mit echtem Interesse am Anliegen und am Kunden sind nur einige Beispiele, die verdeutlichen: Es geht um mehr als das Produkt. Der Kunde möchte, das man sich um ihn kümmert – und das kann meist nur ein Mensch leisten.

Marken müssen die Sprache des Kunden sprechen
Kunden werden immer anspruchsvoller, informierter sowie kritischer und sind so deutlich schwerer durch Werben und Traktieren zu erreichen. Das heißt für Marken, dass sie ihre Kunden besser verstehen müssen – und nicht umgekehrt. Sie müssen die Kunst beherrschen, die richtigen Themen und Produkte an den richtigen Kanälen zur richtigen Zeit zu liefern, und das gleichzeitig für unterschiedliche Kundentypen. Relevanz ist die neue Währung. Kunden möchten als Individuum gesehen und behandelt werden. Ihr Kunde sehnt sich nach Echtheit, nach Geschichten – kurz: nach Marken, die eine für ihn erstrebenswerte Idee verkörpern. Starke Marken sind daher heute und in Zukunft in der Lage, durch eine intelligente Balance zwischen hochrelevanten Themen und Angeboten sowie authentisch gelebten Werten echte Begehrlichkeit zu generieren.

Die Grundlage jeder starken Marke: Eine klare Positionierung
Für die Auswahl einer langfristigen und übergreifenden Botschaft ist die Basis eine klare und eindeutige Markenpositionierung. Starke Marken fokussieren sich auf eine übergreifende Leitidee, die das Markenversprechen transportiert. Diese ist relevant für die Zielgruppe, differenzierend im Vergleich zum Wettbewerb und glaubwürdig durch das Unternehmen einlösbar. Nur durch diese Prägnanz ist eine Marke in der Lage, langfristig wirkungsvoll und effizient am Markt aufzutreten – auch und vor allem in der direkten Kundeninteraktion.

Marke als Impulsgeber für Kundenerlebnisse nutzen
Die Positionierung der Marke ist ein wichtiger Impulsgeber für Kunden. Denn einfach nur das zu machen, was die Kunden erwarten, wird in Zukunft nicht mehr ausreichen,

um positiv aus dem Wettbewerbsumfeld hervorzustechen, geschweige denn loyale Kundenbeziehungen aufzubauen (vgl. Achleitner und Rickmann 2023; DUP Magazin 2023). Generische Maßnahmen werden zum Hygienefaktor. Hinzu kommt, dass über klassische Kundenbefragungen meist kaum noch neue Erkenntnisse darüber gewonnen werden können, was Kunden in Zukunft begeistern würde. Schon Henry Ford wusste:

> *„Wenn ich die Menschen gefragt hätte, was sie wollen, hätten sie gesagt, schnellere Pferde."*

Gelingt es einer Marke, vorauszuschauen und das eigene Markenversprechen dafür zu nutzen, differenzierende Akzente zu setzen, so wird die Marke zum echten Customer Centricity Booster. Ihre Marke macht Kundenzentrierung im Ergebnis dadurch glaubwürdiger, wirkungsvoller und effizienter. Wirklich kundenverbundene nutzen ihr Markenversprechen, um einzigartige, nicht kopierbare Erlebnisse zu bieten.

Zusammengefasst

Als Marke kundenverbunden zu werden und zu bleiben ist nicht nur eine dauerhafte Aufgabe, für die umfassendes Commitment von allen Beteiligten erforderlich ist. Dafür brauchen Sie Mut und eine große Vision. Sie müssen alle mitnehmen und aktiv zum Mitmachen auffordern. Nur so gewinnt der interne Veränderungsprozess an Momentum und Kunden werden begeistert. Mit Blick in die Zukunft mit all ihren technologischen Potenzialen wird dabei der Faktor Mensch eine noch entscheidendere Rolle spielen, denn dieser wird künftig noch seltener, besonderer und damit zum neuen Differenzierungsfaktor werden. Im Ergebnis tragen alle diese Bemühungen dazu bei, eine einzigartige und begehrliche Marke aufzubauen – denn Markenerlebnis und Kundenerlebnis gehören untrennbar zusammen. ◄

Reflexionsfragen Kap. 6

- Wie kundenverbunden ist Ihre Marke heute?
- Was zeichnet Ihre Marke dabei besonders aus? Wo gibt es noch Lücken und Potenziale?
- Was davon können Sie direkt beeinflussen und verändern?

Im Rampenlicht: Deutsche Bank

Die Deutsche Bank wurde 1870 gegründet und ist das nach Bilanzsumme und Mitarbeiterzahl größte Kreditinstitut in Deutschland. Als Universalbank mit Sitz in Frankfurt am Main unterhält die Deutsche Bank bedeutende Niederlassungen in London, New York City, Singapur, Hongkong und Sydney. Sie beschäftigt weltweit rund 83.000 Mitarbeiter. Neben der Deutschen Bank gehören auch die Marken Postbank sowie der DWS-Vermögensverwaltung zum Konzern. Mit der Philosophie „Human First" steht der Mensch im Mittelpunkt des unternehmerischen Denkens und Handelns. Das Image der Deutschen Bank, die Zufriedenheit der Mitarbeiter und Kunden als auch der Gewinn konnten so in den vergangenen Jahren verbessert werden. Werfen wir einen Blick darauf, wie „Human First" konkret umgesetzt wird.

Eine kundenfokussierte Arbeitsweise etablieren

Damit Projektteams den Kunden von Beginn an in der Entstehung eines neuen oder verbesserten Produkts involvieren, arbeitet die Deutsche Bank mit der sogenannt „Hear – Create – Deliver – Measure" Methode. Sie basiert auf den Prinzipien des Human Centered Designs und baut als Basis auf Empathie für den Kunden. Es geht dabei darum, Kundenbedürfnisse in offener, kollaborativer und interdisziplinärer Teamarbeit zu adressieren.

In der ersten Phase („Hear") geht es darum, ein tiefgreifendes Verständnis für die spezifischen Wünsche und Bedürfnisse der Kunden zu gewinnen. Daher steht bei der Deutschen Bank das Beschwerdemanagement am Anfang und ist die Grundlage für die Weiterentwicklung der Kundenerlebniskette. Denn so gelingt es, wirklich zu verstehen, was Kunden beschäftigt, wo es Probleme gibt und wo die Potenziale für die Zukunft liegen.

In Phase zwei („Create") werden auf Basis der Ergebnisse aus Phase 1 erste Lösungen entwickelt, also erarbeitet, wie Kundenerlebnisse konkret gestalten werden können, wie die Kommunikation dazu aussieht etc. Dabei kommen Hypothesen zum Einsatz, die möglichst schnell validiert werden. Ferner werden bei Bedarf mehrere Optimierungsschleifen gedreht, bis eine erfolgversprechende Lösung vorliegt.

In der dritten Phasen („Deliver") wird die entstandene Lösung für den Kunden greifbar und erlebbar. Ziel ist es dabei, herauszufinden, ob die Lösung erfolgreich ist oder nicht. Dabei wird Erfolg aus unterschiedlichen Perspektiven gemessen, der Kundensicht, der Mitarbeitersicht und auch aus Kostensicht. Wenn alles passt, kann das Produkt oder die Dienstleistung finalisiert und gelauncht werden. Im anderen Fall wiederholt sich der Prozess so lange, bis die Lösung alle Anforderungen erfüllt.

In Phase vier („Measure") wird der Ablaufprozess evaluiert. Inwiefern beeinflusst die entwickelte Lösung die definierten Ziele und wie verändern sich KPIs? Dazu gehört auch die Akzeptanz im Markt sowie das eingesetzte Budget. Die Erkenntnisse sind die Grundlage für einen neuen „Hear – Create – Deliver – Measure" Prozess und ermöglichen so einen kontinuierlichen Verbesserungsprozess.

In die Kundenperspektive räumlich eintauchen

Zur permanenten Verbesserung von Customer Journeys und Touchpoints wurde ein fest installiertes und ständig begehbares Customer Experience Lab geschaffen. Hier sind Filialinstallationen der Marken Deutsche Bank sowie der Postbank aufgebaut. Kundenprozesse und -situationen können hier sehr nah an der Realität simuliert und so weiterentwickelt werden. Ferner kann man durch das sogenannte Kundenwohnzimmer in die Lebenswelt der Kunden zu Hause eintauchen. Ein Datenraum zeigt zudem aktuelle Kennzahlen anschaulich und in Echtzeit. Das Lab ist in ständiger Benutzung durch Fachbereiche unterschiedlicher Art und wird für verschiedene Zwecke verwendet – vom kollaborativen Projektmeeting bis zum Inspirationsraum, in dem Mitarbeiter und Führungskräfte die Perspektive wechseln können, um Produkte und Prozesse vollständig aus Kundensicht zu erleben. Das Customer Experience Lab hat damit nicht nur einen praktischen und arbeitsbezogenen Nutzen, sondern schafft auch eine symbolische Wirkung nach Innen – durch einen dezidierten, eigenen Raum für die Kunden.

Konsistente Umsetzung und konsequente Messung

Das Customer Experience Programm der Deutschen Bank ist langfristig angelegt und weist insgesamt sechs Bestandteile auf, die funktionsübergreifend etabliert sind. Um diese effektiv zu bearbeiten und den Erfolg bewerten zu können, gibt es für jeden Baustein klar definierte Messgrößen und Kennzahlen:

- Der Bereich Customer Centricity (1, übergreifend) wird gemessen am Ertrag bzw. der Effektivität.
- Customer Persona (2) zahlt auf das Relevant Set ein,
- während der Baustein Customer Touchpoints (3) die Consideration als Zielgröße hat.
- Der Bereich Customer Journey (4) wird wiederum an der Budget-Effizienz gemessen,
- während sich der Customer Leadprozess (5) anhand der Abschlussbereitschaft orientiert.
- Das Customer Experience Measurement (6) zahlt schließlich auf die Weiterempfehlungsrate ein.

Damit haben alle Bestandteile des CX-Programms bei der Deutschen Bank eine definierte Rolle im Umsetzungsprozess und werden strukturiert und holistisch gemessen.

Literatur

Alexander, T. (2022), *Human First, Die neue Maxime für Kunde, Marketing und Geschäftserfolg*, Vahlen: München

Achleitner, A.-K.; Rickmann, H. (2023), *NEXT.2030 – 33 kluge Köpfe über Deutschlands Zukunft*, DIND Innovationsinstitut, Kindle-Version.

Bates, T. & Petouhoff, N. (2022). *Empathy In Action: How to Deliver Great Customer Experiences at Scale.* Ideapress Publishing. Kindle-Version

Cyara (2023). *New Survey Finds Consumers Give Chatbots a Failing Grade in Customer Experience.* https://cyara.com/news/new-survey-gives-chatbots-a-failing-grade-in-customer-experience/. Zugegriffen: 15. September 2023

Deutsche Bank (2023), *Bestimmung,* https://www.db.com/who-we-are/?language_id=3&kid=unternehmen.inter-dbde.navi, Zugegriffen: 24. August 2023

Deloitte (2023). *Excitement Points - Eine Untersuchung von Deloitte, YouGov und der APG.* https://www2.deloitte.com/de/de/pages/technology/articles/kundenbegeisterung-als-wachstumsfaktor.html. Zugegriffen: 11. September 2023

DUP Magazin (2023). *Marketing 2030: Auf fünf Bausteine kommt es an.* https://dup-magazin.de/management/marketing-vertrieb/philipp-westermeyer-marketing-2030-auf-fuenf-bausteine-kommt-es-an/, Zugegriffen: 26. Juni 2023

Foresight Alliance (2023), *Brands 2030: Ten Forecasts on the Future of Brands and Branding,* https://www.foresightalliance.com/wp-content/uploads/2014/06/Future-of-Brands-2030.pdf, Zugegriffen: 8. September 2023

Forrester (2023). *Prognosen 2023: Customer Experience.* https://www.forrester.com/blogs/prognosen-2023-customer-experience-de/ Zugegriffen: 25. Mai 2023

Gawdat, M (2021). Scary Smart: The Future of Artificial Intelligence and How You Can Save Our World, Hampshire: Bluebird

Harvard Business School Online (2023), *What is Human-centered Design?,* https://online.hbs.edu/blog/post/what-is-human-centered-design#:~:text=Human%2Dcentered%20design%20is%20a,tailored%20to%20your%20audience%27s%20needs., *Zugegriffen: 24. August 2023*

Human Resources Manager (2023), *Human First als Unternehmensprinzip,* https://www.humanresourcesmanager.de/personalmanagement/human-first-als-unternehmensprinzip-agiles-arbeiten/, Zugegriffen: 23. August 2023

Porath, C. (2023) *Der unverschämte Kunde* in *Harvard Business Manager,* Ausgabe März 2023

Precht, R. D. (2022*). Freiheit für alle: Das Ende der Arbeit wie wir sie kannten.* München: Goldmann.

PT Magazin (2023), *Human first – Die neue Maxime für Kunde, Marketing und Geschäftserfolg,* https://www.pt-magazin.de/de/specials/buecher/human-first---die-neue-maxime-für-kunde-marketing-_l95bnfyk.html, Zugegriffen: 23. August 2023

Wir sind der Wandel (2023), *Unternehmen haben den Menschen aus dem Blick verloren,* https://wirsindderwandel.de/transformation/unternehmen-haben-den-menschen-aus-dem-blick-verloren/, Zugegriffen: 23. August 2023

Danke!

Dieses Buch zu schreiben, war eine Reise, die ohne andere nicht möglich gewesen wäre. Diese Reise hat schon lange begonnen, bevor die Idee für dieses Buch entstanden ist: durch die Zusammenarbeit mit meinen Kunden und Geschäftspartnern. Ihnen danke ich für die gemeinsame Arbeit im Großen wie im Kleinen. Danke für gemeinsame Erfolge, erreichte Meilensteine, Diskussionen, Meetings, Kreativworkshops, Präsentationen und den täglichen Austausch.

Ein paar davon treten in diesem Buch als Gastautoren in Erscheinung. Auch ihnen möchte ich Danke sagen für die wertvollen Einblicke in die jeweiligen Unternehmen. Es ist nicht selbstverständlich, neben unterschiedlichsten Verantwortungen und Verpflichtungen, die ihr in Eurem im Tagesgeschäft habt, noch die Bereitschaft und die Zeit zu finden, solche erkenntnisreichen und inspirierenden Buchbeiträge zu schreiben – Vielen Dank dafür!

Ein ganz großer Dank geht an Ingo Gebhardt und dem ganzen Team von Gebhardt & Partner Markenberatung für den regelmäßigen Erfahrungsaustausch, das gemeinsame Engagement für unsere Kunden und die bisherige Reise als Team. Ohne Euch wäre dieses Buch nicht entstanden.

Vielen Dank an das gesamte Team vom Springer-Gabler Verlag für die professionelle, angenehme unkomplizierte Zusammenarbeit. Ein besonderer Dank geht dabei an Rolf-Günther Hobbeling, der an mich mit der Idee zu diesem Buch herangetreten ist und zusammen mit seinem Team eine hervorragende Unterstützung war.

Ich danke Ihnen als Leserinnen und Leser dieses Buches, denn Sie sind meine Kundinnen und Kunden mit diesem Buch. Ich hoffe, ich konnte Ihre Erwartungen erfüllen und vielleicht an der einen oder anderen Stelle sogar ein kleines bisschen übertreffen. So oder so würde ich mich über Anregungen, Feedback und den Austausch mit Ihnen freuen. Auf www.kundenverbunden.de finden Sie meine Kontaktdaten. Noch schneller geht es über LinkedIn (https://www.linkedin.com/in/mathiasweber24) oder direkt per E-Mail: m.weber@gp-markenberatung.de.

Ganz besonders möchte ich mich bei meiner Familie – bei Antje, Aurelia und Theodor bedanken. Ihr seid es, die mir beim Schreiben dieses Buches immer den Rücken freigehalten habt. Danke für Eure tägliche Unterstützung, die positive Energie sowie das Verständnis und die Geduld für die vielen Stunden der Recherche, des Schreibens oder auch der vorübergehenden gedanklichen Abwesenheit, die durch dieses Projekt bedingt war.

Vielen Dank!
München, im April 2024
Mathias Weber

Glossar[1]

Brand Behavior (Markenverhalten) Brand Behavior definiert das markentypische Verhalten der Mitarbeiter einer Marke gegenüber Kunden und anderen externen Stakeholder wie der allgemeinen Öffentlichkeit, Partnern oder Lieferanten.

Change Management (Veränderungsmanagement) Change Management beschreibt das Steuern und Umsetzen definierter Maßnahmen, um die Organisation oder einzelne Organisationseinheiten zu verändern und von einem Ausgangszustand hin zu einem definierten Zielzustand zu bewegen.

Customer Centricity (Kundenzentrierung) Customer Centricity ist die gelebte Philosophie, die Bedürfnisse der Kunden ins Zentrum der Organisation zu stellen. Der zentrale Fokus liegt demnach nicht beim Produkt und wie dieses zum Kunden kommt, sondern beim individuellen Kunden und seinen Bedürfnissen.

Customer Experience (CX) (Kundenerlebnis) Customer Experience beschreibt den Gesamteindruck, wie Kunden eine Marke über alle Interaktionen hinweg wahrnehmen. CX bzw. das Kundenerlebnis ist damit das Ergebnis von Kundenzentrierung, also das Ergebnis aller internen Anstrengungen und Maßnahmen für den Kunden, über alle Abteilungen hinweg.

Customer Lifecycle (Kundenerlebnisphasen) Der Customer Lifecycle definiert den Kundenerlebnisprozess durch fünf Phasen: Informations- und Kommunikationserlebnis, Beratungs- und Abschlusserlebnis, Auslieferungs- und Installationserlebnis, Produktnutzungserlebnis, Service und Support-Erlebnis.

Customer Journey Mapping Customer Journey Mapping umfasst die Detaillierung der idealtypischen Customer Experience durch Betrachtung aller Phasen aus Kundensicht.

---

[1] Rund um das Thema Customer Experience kursiert eine Vielzahl an Fachbegriffen und Buzzwords, die zum Teil unterschiedlich verwendet werden. Um die Klarheit zu fördern, werden daher zentrale Begrifflichkeiten aus dem Buch hier in diesem Glossar kurz und prägnant zusammengefasst, auch um das spätere Nachschlagen zu erleichtern.

Co-Creation Co-Creation ist eine kollaborative Methode für einen gemeinsamen Entwicklungsprozess mehrerer Personen und unterschiedlicher Statusgruppen.

Empathie Empathie ist die Fähigkeit und Bereitschaft, sich umfassend in Kunden und deren Bedürfnisse hineinzuversetzen.

Employee Experience (Mitarbeitererfahrung) Employee Experience ist die Gesamtheit aller Erfahrungen, die ein Mitarbeiter mit seinem Unternehmen sammelt. Die Employee Experience beeinflusst damit Mitarbeiterzufriedenheit, -motivation und -leistungsfähigkeit.

Empowerment Empowerment beschreibt im Kundeninteraktionskontext die Übertragung von Verantwortung an den Mitarbeiter. Empowerment führt zu besseren Kundenerlebnissen und steigert gleichzeitig die Mitarbeitermotivation.

Enttäuschungsmoment Enttäuschungsmomente sind Kundenerlebnisse, in denen ein Kunde verärgert, frustriert oder enttäuscht wurde.

Erwartungsinflation Der Begriff Erwartungsinflation beschreibt das Phänomen, dass die Anforderungen und Erwartungen der Kunden stetig zunehmen.

Extrameile Die Extrameile beschreibt im Kundenkontext eine Leistung, die über die reguläre Anforderung oder Erwartung hinausgeht.

Interner Kunde Ein interner Kunde ist jemand, der von einem Kollegen eine spezielle Dienstleistung bezieht. Dieser Kollege ist in der Regel spezialisiert auf einen bestimmten Bereich und kann eine Dienstleistung schneller oder besser anbieten als der interne Kunde.

Kundenbegeisterung (Customer Excitement) Kundenbegeisterung ist der angestrebte Zielzustand, in dem Kundenerwartungen über einen längeren Zeitraum nicht nur erfüllt, sondern übertroffen wurden.

Kontaktpunkt (Touchpoint) Ein Kontaktpunkt ist der Ort bzw. das Medium, durch das Kunden in Berührung mit einer Marke kommen.

Kundenerlebniskette (Customer Journey) Die Kundenerlebniskette ist die Summe aller Kontaktpunkte eines Kunden mit der Marke. Je nach Kundengruppe bzw. Zielgruppe existieren unterschiedliche Kundenerlebnisketten, die mal mehr oder weniger Kontaktpunkte der Markenerlebniskette abdecken.

Kundenkompass Der Kundenkompass ist ein übergreifendes Steuerungsinstrument, das aus Purpose und Verhaltensprinzipien besteht, um ein übergreifendes Verständnis vom Umgang mit Kunden innerhalb der gesamten Organisation zu leben.

Kundenverbunden Kundenverbunden zu sein heißt, als Marke konsistent besondere Mensch-zu-Mensch-Momente zu schaffen, die Erwartungen übertreffen und damit eine Marke positiv abzuheben.

Markenbegehrlichkeit Begehrliche Marken schaffen es, ihre Kunden zu begeistern und eine langfristige Beziehung aufzubauen. Eine Marke ist dann begehrlich, wenn der Kunde rational gleichwertige Alternativen nicht mehr in Erwägung zieht.

Markenpositionierung Die Markenpositionierung beschreibt prägnant das angestrebte Zielbild einer Marke. Sie beschreibt ein Markenversprechen, welches durch die Verifikation (z. B. in der Kommunikation, im Verhalten, im Auftritt und in den Produkten und Dienstleistungen) zum Leben erweckt wird. Dabei geht es im Kern immer Relevanz für den Kunden, Differenzierung vom Wettbewerb und Glaubwürdigkeit nach innen.

Markentypik Markentypik entsteht durch die charakteristische und untrennbar mit einer Marke verbundene Ausgestaltung von Kommunikation, Verhalten, im Auftritt und in den Produkten und Dienstleistungen einer Marke auf Basis ihrer Identität.

Mindset Das Mindset umfasst Überzeugungen, Denkweisen und Verhaltensmuster und beschreibt die innere Haltung von Menschen.

Moment of Truth Moments of Truth sind alle Begegnungen eines Kunden mit einer Marke, die das Potenzial haben, die Wahrnehmung positiv oder negativ zu verändern. Jeder Moment of Truth ist damit auch eine Bewährungsprobe.

Multiplikator (interner) Multiplikatoren sind Wissensträger und Unterstützer und vor allem auch interne Influencer mit gutem Netzwerk und hoher Akzeptanz innerhalb der Organisation.

Net-Promoter-Score (NPS) Der Net-Promoter-Score ist eine Kennzahl, die anzeigt, inwiefern Kunden ein Produkt oder eine Dienstleistung weiterempfehlen würden.

OKR-Modell OKR ist eine Methode zur agilen Strategieumsetzung, eine Zielmanagement-Methode und ein Management-System zur zielgerichteten Mitarbeiterführung. Das „O" steht dabei für Objectives und beantwortet die Frage nach den Zielen. „KR" steht für Key Results, also die Meilensteine, anhand derer objektiv ersichtlich wird, ob bzw. wie gut die Ziele erreicht wurden.

Operationalisierung Operationalisierung beschreibt die interne Umsetzung der Strategie und Aktivierung von Management und Mitarbeiter innerhalb der Organisation.

Persona (Buyer Persona) Eine Persona stellt eine fiktive Person dar, die Unternehmen helfen soll, die Bedürfnisse des Kunden besser zu verstehen und sich besser in den Kunden und seine Vorlieben, Wünsche, Ängste und Verhaltensweisen hineinzuversetzen.

Purpose Der Purpose ist eine prägnante Beschreibung der Daseinsberechtigung einer Marke, die Identifikation und Inspiration stiftet. Der Purpose gibt eine klare Antwort auf das „Warum" und schafft so ein sinnstiftendes Element über die eigentliche Tätigkeit hinaus. Deutsche Synonyme dafür sind „gemeinsames Ziel", „Daseinszweck" oder „gemeinsamer Antrieb".

Signature Moment Diese Momente sind so einzigartig wie Ihre Handschrift. Durch konsistenten Einsatz werden sie zu differenzierenden, wiedererkennbaren Elementen des Kundenerlebnisses und prägen damit die Markenwahrnehmung in besonderem Maße.

Shareability Shareability im Kontext von Kundenerlebnissen beschreibt den Grad, wie gut Erfahrungen und Erlebnisse teilbar sind (v. a. in den sozialen Medien) und für Gesprächsstoff sorgen.

Unternehmenskultur Die Unternehmenskultur beschreibt das Zusammenspiel gemeinsamer Werte, Normen und Artefakte, die bestimmen, wie die Mitglieder einer Organisation Entscheidungen treffen und zusammenarbeiten.

User Experience (UX) UX ist ein Teilbereich der Customer Experience und beschreibt die Erfahrung eines Nutzers bzw. Kunden mit einem ganz bestimmten Produkt oder Service oder an einem ganz bestimmten Touchpoint.

Überraschungsmoment (Wow-Moment) Ein Überraschungsmoment beschreibt eine Situation, in der ein Kunde ganz individuell durch besonderes Engagement begeistert wurde.

Verhaltensprinzipien Verhaltensprinzipien umfassen die übergreifenden Servicestandards einer Marke zur Konkretisierung des Purpose und zur Sicherstellung konsistenter und hochwertiger Erlebnisse. Die Prinzipien beschreiben und ordnen die wichtigsten Elemente des Kundenerlebnisses.

Vision (CX-Vision) Die Vision ist ein ehrgeiziges Statement darüber, wie sich ein Unternehmen entschieden hat, in Zukunft Mehrwert für seine Kunden zu schaffen. Sie gilt als langfristiger Orientierungspunkt für Mitarbeiter und Führungskräfte bei allen Entscheidungen, die sich auf Kunden auswirken.

VOC-Programm VOC steht für Voice of the Customer bzw. die Stimme des Kunden. Ein VOC-Programm beschreibt den Prozess, die Wahrnehmung der Kunden systematisch zu erfassen und diese in das Unternehmen zur kontinuierlichen Verbesserung zurückzuspielen.

Wahrnehmungszielbild Das Wahrnehmungszielbild beschreibt das angestrebte ideale Kundenerlebnis – gesamthaft auf einer übergeordneten Ebene und aus Sicht des Kunden. Zudem wird dieses Zielbild für jede einzelne Phase des Kundenerlebnisses heruntergebrochen.

MIX
Papier aus verantwortungsvollen Quellen
Paper from responsible sources
FSC® C105338

If you have any concerns about our products,
you can contact us on
ProductSafety@springernature.com

In case Publisher is established outside the EU,
the EU authorized representative is:
**Springer Nature Customer Service Center GmbH
Europaplatz 3, 69115 Heidelberg, Germany**

Printed by Libri Plureos GmbH
in Hamburg, Germany